D1692214

Michael Braun

MEINE WILDE ZEIT MIT
HAINDLING

Michael Braun

MEINE WILDE ZEIT MIT
HAINDLING

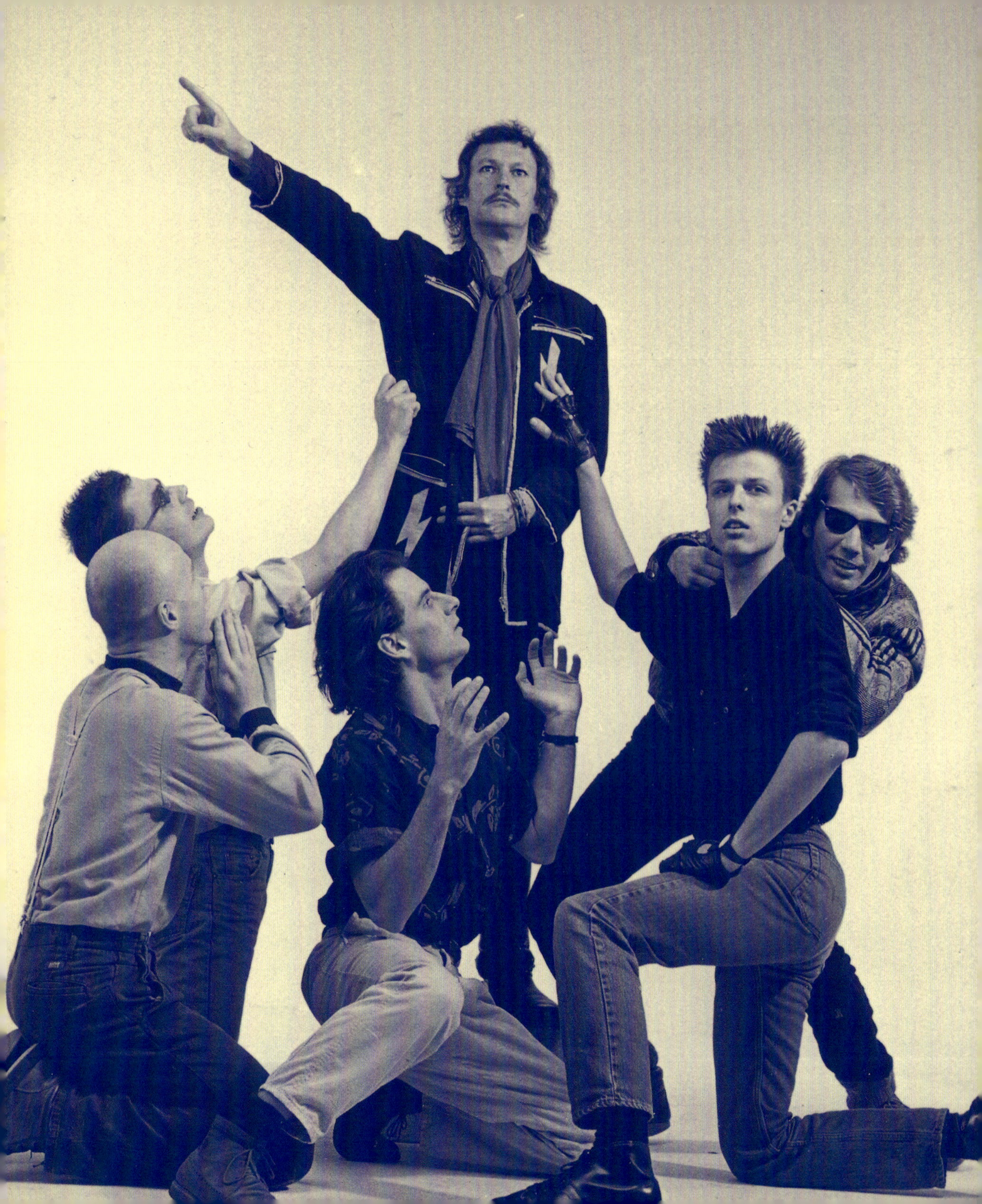

Vorwort

»Macht's an Krampf, aber spielt's kein Krampf!« Das ist seit nunmehr 25 Jahren die Devise, wenn die Haindling-Band auf die Bühne geht. Haindling »live« ist, abgesehen von meinen beiden Kindern, das Beste, was ich in meinem sehr bewegten Leben bislang erlebt habe. Seit nunmehr 25 Jahren erlebe ich als Gründungsmitglied und »Mann der ersten Stunde«, jährlich zahlreiche Konzerte und Auftritte mit Haindling. Jedes Konzert ist ein Fest der musikalischen Sinne und eine Gelegenheit, anderen Menschen Freude und Spaß zu vermitteln.

25 Jahre »Haindling live«, das kommt bei einer Ehe einer Silberhochzeit gleich, und wie in einer Ehe gibt's nach 25 Jahren viel zu erzählen. In dieser langen Zeit stand meist Hans-Jürgen, »Jürgen«, Buchner, der Urheber der Haindling-Musik, im Mittelpunkt des öffentlichen Interesses. Daher liegt es in der Natur der Sache, dass sich viele Geschichten dieses Buches um ihn drehen. Trotzdem ist dieses Buch keine Jürgen-Buchner-Biografie, sondern mein Bericht über viele Erlebnisse, die ich in den letzten 25 Jahren als Mitglied der Haindling-Band erlebt habe. Manche dieser Geschichten liegen weit in der Vergangenheit. Meine Freunde und Bandkollegen mögen mir daher verzeihen, wenn mich über dem einen oder anderen Detail mein Gedächtnis möglicherweise im Stich lässt oder wenn sich nicht alle Geschichten, Abenteuer oder Eskapaden, die wir erlebt haben, an dieser Stelle wiederfinden.

Viele unserer Fans kennen uns aber nur von der Bühne oder von unseren Fernsehauftritten. Was aber alles so hinter den Kulissen oder auf dem Weg bis zur Bühne passiert ist, das möchte ich ihnen und den Lesern dieses Buches nicht vorenthalten. Denn wer weiß, was zum 50. Haindling-Jubiläum von meiner Erinnerung noch übrig ist!

Inhalt

Vorwort 5
Mord & Totschlag 8
Multiinstrumentalisten gesucht! 10
Kannst an Blues spuin? 11
Vom Buchner zum Haindling 14
Das erste Album »Haindling 1« 16
Die erste Band 17
Im Hühnerstall 22
Die ersten Gigs 25
Weingarten 29
Doooolf! 33
Lang scho nimmer gsehn 34
Du Heck, du Depp, du depperter Heck du 39
In der Schaubude 43
Spinni 45
Der Haindling-Sound 46
In der Tonhalle 47
Meuterei 54
WAAhnsinn 56
Am Hofe des Sonnenkönigs 60
Das Friedensfestival 68
Hinterm Eisernen Vorhang 76

Beim Aids-Test 90
Reiner Blütenstaub 93
Die Verpackungsdiskussion 97
Ja wo is a denn? 99
Die Korg-Kiste 101
Prag 104
»Hello« 107
»Haindling« 109
Haindling oder BMG? 112
»Weiss« 116
Chaka Khan 117
Beim Echo 120
Perlen 122
Der gebrochene Finger 123
Die Polizeikontrolle 125
Zwischenlandung 128
Die neue Band 129
Filmmusik 135
Das Bühnensakko 136
Der »Schoaßblosn Bossa«
Die kleine Haindling-Therapie 144
Der Neujahrsempfang 148
Der 6. Bayerische Verdienstordensstrahl 154
Friends & Family 156
Die nächsten 25 Jahre 157

Mord und Totschlag

Er sah für sein Alter noch blendend aus. Graue Haare, hoch gewachsen, dunkler Teint, eigentlich ungewöhnlich für einen Mann seiner Zunft. »Wissen Sie, meine Damen und Herren, in Wirklichkeit geht es dann doch immer anders, als man plant«, sagte er, lehnte sich gegen den großen Tisch und sprach mit großer, jovialer Geste zu der vor ihm sitzenden Menge: »Die meisten planen nicht wirklich, was sie tun, sondern werden eher von ihren Emotionen übermannt«, sagte er und ging lächelnd auf die gut aussehende Blondine in der ersten Reihe zu. Sie sah ihn fasziniert an, hing an seinen Lippen und schien sich förmlich nach ihm zu verzehren. Er griff lässig und eher beiläufig mit seiner rechten Hand an seinen Hosenbund, der durch sein graues Jakkett verdeckt war. Blitzschnell zog er eine Waffe und zielte mitten auf den wohlgeformten Oberkörper seiner blonden Bewunderin. »Wham, wham wham«. Er schoss dreimal hintereinander, mitten auf ihren üppigen Busen, der unter einem viel zu tiefen Ausschnitt weiß hervorschien. Sie schrie auf, sprang von ihrem Sitz und brach zusammen – im Schoß des Herrn zu ihrer Rechten, der sich schützend über sie warf. Das Publikum im Saal schrie auf, und ein lautes Raunen ging durch die Ränge.

»Also, meine Damen und Herren, was würden Sie sagen, Mord oder Totschlag?«, fragte der ältere Herr. »Sagen Sie mal, Frau Kollegin, hätten Sie damit gerechnet, dass dieser alte Knacker, der Sie gerade so heftig angebaggert hat, im nächsten Moment eine Knarre ziehen würde, um Sie über den Haufen zu schießen?«

»Ehrlich gesagt nein, Herr Professor«, entgegnete das vermeintliche Opfer und richtete sich wieder auf.

»Aha, dann waren Sie also völlig arglos«, meinte der Professor.

»Ja, völlig«, stammelte sie und strich sich ihr blondes Haar zurecht.

»Und wenn ich's mir so recht überlege, dann waren Sie auch ziemlich wehrlos, denn gegen eine echte Pistole hätten Sie keine Chance gehabt. Halten wir also fest, dass Sie arg- und wehrlos waren, wodurch meine Tat objektiv die qualifizierenden Tatbestandsmerkmale des Mordes erfüllt hätte. Aber machen wir uns nichts vor. Die meisten Tötungsdelikte geschehen im Affekt und erfüllen deshalb meist nur die Tatbestandsmerkmale des Totschlags und nicht des Mordes. Wie im richtigen Leben, so wird auch beim Töten meist nicht geplant! Damit genug für heute.«

Der ältere Herr, Professor Roxin, der Papst unter den Strafrechtsprofessoren, schloss die Vorlesung unter heftigem Beifall des Auditoriums. Mir rauchte der Kopf, denn das war schon meine vierte Vorlesung an diesem schönen Herbsttag 1982. Mord und Totschlag, Vorsatz und Fahrlässigkeit – ich hatte dringend etwas Abwechslung nötig. Ich verließ die Uni und fuhr mit der U-Bahn nach Hause. Auf der Fahrt überlegte ich, wie ich mir für den Nachmittag etwas Entspannung verschaffen konnte. Am Neuhauser Rotkreuzplatz angekommen, ging ich die Treppen des U-Bahnhofes hinauf. Plötzlich hörte ich eine Stimme in meinem Kopf: »Geh zum Kiosk.« Wie fremdgesteuert ging ich zum Zeitungskiosk. Dort angekommen, wühlte ich in den Zeitungsständern wie hypnotisiert nach einer Zeitschrift. Den Playboy wagte ich nicht zu kaufen, obwohl die Blondine auf der Titelseite, die jener im Hörsaal nicht unähnlich war, eine interessante Nachmittagsentspannung versprach. Penthouse schied aus, da noch gewagter und für mein studentisches Budget viel zu teuer. Stattdessen fiel mein Blick auf das »Münchener Stadtmagazin«, ein Münchner Veranstaltungs- und Kulturanzeiger. Nie zuvor wäre ich auf die Idee gekommen, ein derart »linkes« Magazin zu kaufen. Aber die Stimme in meinem Kopf meldete sich wieder und sagte: »Kauf den Münchener Stadtanzeiger!« Ich kaufte also zum ersten Mal in meinem Leben dieses Blatt und ging nach Hause. Dort angekommen, setzte ich mich aufs Klo und begann zu stöbern. Nach kurzer Zeit wurde mir klar, dass dieses Magazin inhaltlich nicht die Freuden eines »Playboys« etc. vermitteln konnte. Ich konzentrierte mich daher gleich auf die Kontaktanzeigen im Anzeigenteil, auf der Suche nach einem kleinen Abenteuer. Die Rubrik »Sie sucht Ihn« gab leider nicht viel her, weshalb mein Augenmerk auf »MuSu«, eine andere, mir bislang gänzlich unbekannte Rubrik fiel. »MuSu« war nämlich nichts anderes als die Abkürzung für »Musiker gesucht«.

»MuSu«, dachte ich, ist auch o.k. Ich war neu in München und hatte mich gerade an der juristischen Fakultät der LMU eingeschrieben. Zuvor hatte ich in Lausanne, Hamburg und Düsseldorf gelebt und studiert, wo ich, ebenso wie in meiner Heimatstadt am Bodensee, Mitglied einer Jazz- oder Big Band war. Da ich neben Klavier auch Saxophon und Trompete spielte, hatte sich in allen Städten, in denen ich zuvor gelebt hatte, immer irgendeine Gelegenheit gefunden, Musik zu machen. Daher suchte ich auch in München nicht nur weiblichen, sondern auch musikalischen Anschluss. Die Rubrik »MuSu« schien mir daher wie ein Wink des Himmels. Ich las mich durch die verschiedenen Inserate durch, bis ich an folgender Anzeige hängen blieb:

Multiinstrumentalisten gesucht!

Suchen Multiinstrumentalisten für lustiges Musikprojekt. Bewerbungen bitte an Dolf Hartmann, Rock'n'Show München, Tel. 089/123 45 67

Multiinstrumentalist! Was ist ein Multiinstrumentalist? Diesen Begriff kannte ich bis dato noch nicht. »Multi« bedeutet viel, und dass ich einmal Multi werden würde, war mir völlig klar, denn schließlich studiert ich doch Jura. Multimillionär, klar, aber Multiinstrumentalist? Ich überlegte. Immerhin spielte ich seit meinem 6. Lebensjahr Trompete, seit meinem 12. Klavier und Akkordeon, seit meinem 14. etwas Schlagzeug und seit meinem 18. Lebensjahr Saxophon. In meiner Jazzband in Lausanne musste ich auch den Job des Saxophonisten und Trompeters in Personalunion machen. Da ich mehr als ein Instrument spielen konnte, so subsumierte ich, musste ich das Tatbestandsmerkmal eines Multiinstrumentalisten erfüllen können. Ich war plötzlich zutiefst überzeugt, auf jeden Fall ein »Multi« zu sein. Somit erschien ich mir qualifiziert genug zu sein, auf die Annonce zu antworten.

Ich nahm mein Telefon und wählte die in der Annonce angegebene Nummer. Auf der anderen Seite klingelte der Wahlton und auf einmal schaltete sich ein Anrufbeantworter ein: »Hallo, hier spricht der automatische Anrufbeantworter von Rock'n'Show, Dolf Hartmann, Nachrichten bitte nach dem Pfeifton.«

Ich hatte bis dato niemals auf einen Anrufbeantworter gesprochen, weil ich dazu einfach zu schüchtern war. Ich wollte gerade entmutigt auflegen, als sich die Stimme in meinem Kopf wieder meldete und mir befahl: »Sprich drauf, hinterlass eine Nachricht!« Ich nahm also all meinen Mut zusammen und stammelte ins Telefon: »Hallo, hier spricht der Micha Braun, ich bin Multiinstrumentalist und ich melde mich auf Ihre Anzeige im Münchener Stadtmagazin. Ich bitte um einen Rückruf unter der Nummer 089/161718.«

Keine drei Stunden später klingelte mein Telefon. »Hallo, hier ist der Dolf Hartmann, bist du der Micha Braun?«

»Ja, der bin ich«, antwortete ich verlegen.

»Welche Instrumente spielst du denn?«, fragte Herr Hartmann.

»Trompete, Saxophon, Keyboards und Percussion.«

»Hast du Banderfahrung?«

»Ja, hab ich«, sagte ich selbstbewusst in den Hörer.

»Klingt interessant«, antwortete Hartmann. »Hast du morgen Zeit für eine Audition? Dann komm um drei Uhr nachmittags in die Weißenburgerstraße in Haidhausen, Rückgebäude, dritter Stock. Dort ist ein Musikstudio, und dort findet die Audition statt – bring dein Saxophon mit!«
Ich legte auf und hatte Flugzeuge im Bauch. Ich spürte, der morgige Tag würde sehr interessant werden, und 24 Stunden später stellte sich heraus, dass mein Gefühl richtig war.

Kannst an Blues spuin ?

Wie mit Herrn Hartmann telefonisch vereinbart, kam ich pünktlich in die Münchener Weißenburgerstraße. Ich ging in den dritten Stock des mir beschriebenen Bürohauses im Rückgebäude und öffnete die Tür zum Musikstudio. Dort kam ich in einen Vorraum, der mich sehr ans Wartezimmer meines Zahnarztes erinnerte. In dem Raum saß ein blonder Mensch, der irgendwie seltsam aussah, so als sei er gerade einer Zirkustruppe entlaufen – irgendwas zwischen Artist und Clown.
»Servus«, grüßte ich und setzte mich auf einen der Stühle.
»Grüß dich«, murrte der Blondling zurück.
»Bist du auch für die Audition da?«, fragte ich, um die beklemmende Situation aufzulockern.
»Ja, du auch?«
»Ja, ja«, erwiderte ich. »Ich bin ja mal gespannt, was das hier wird.«
Der Blondling schickte sich gerade an zu antworten, als die Studiotüre aufging. Herein kam ein zarter Jüngling, maximal 17 Jahre alt, perfekt durchgestylt, die Haare mit Gel hochgekämmt, New Waver Look, abgeschnittene Fingerhandschuhe, wacher, frecher Blick.
»Hey Charlie!«, grüßte der Jüngling.
Der Blondling antwortete: »Hey Roald, was tust denn du da?«
Aha, man kennt sich, dachte ich.
»Ey, ich hab die Annonce gelesen und dachte, ich komm mal vorbei und check mal ab, was hier so geht. Wie geht's dir denn?«

»Gut«, maunzte der Blondling und fragte: »Was tust' denn musikalisch?«
Darauf der Jüngling; »Bei mir geht's grad total ab. Mein Projekt mit der *Bravo* läuft super. Ich hab endlich meinen musikalischen Stil gefunden, und du?«
»Wow«, dachte ich, »da bin ich ja richtig, die zwei sind wahrscheinlich die totalen Vollprofis.« Während ich gespannt auf die Antwort des Blondlings wartete, ging die Tür des Studios auf und herein kam ein Typ Anfang/Mitte dreißig, leichter Bierbauch, kugelrundes, blasses Gesicht, kurze, fettige Haare und Schnurrbart, pinkfarbenes Batik-T-Shirt, Jogginghose mit Streifen, Filzpantoffeln und ein Blick so durchdringend wie ein Habicht auf der Suche nach Beute. Er hatte irgendetwas Essbares in der Hand, und sein T-Shirt war mit Kartoffelsalat verschmiert, der einen interessanten farblichen Kontrast zum sonstigen Outfit bildete. So jemanden hatte ich, außer auf den AStA-Veranstaltungen der »Müslis« an der Uni Hamburg, noch nie gesehen. Die Müslis dort waren allerdings nicht so gut genährt. Für mich als Popper und Ästheten stellte der Typ eine absolute Herausforderung dar, auf die ich mich erst einmal einstellen musste.
In der Annonce stand: »Multiinstrumentalisten für lustiges Musikprojekt gesucht«. Vielleicht war der Typ der musikalische Leiter, so wie die Amis das oft in ihren Bands haben. Dort macht der musikalische Leiter die Arbeit für den Star. So etwas musste es sein, denn irgendwie passte

der Typ stilistisch nicht unbedingt zu den anderen beiden und mir, denn sein optisches Erscheinungsbild war diametral entgegengesetzt zu dem, was ich mir unter einem Star vorstellte. Ich hatte ja keine Ahnung, dass ich es mit dem Träger des deutschen Schallplattenpreises für das beste deutschsprachige Newcomer-Album – Haindling 1 – zu tun hatte.

»Grüß euch, ich bin der Jürgen. Bist du der Charlie«, fragte er und schaute den Blondling an.

»Jawohl«, erwiderte dieser forsch.

»Und bist du der Roald?«, fragte er weiter und schaute den Jüngling an.

»Ja«, antwortete der völlig cool.

»Dann bist du der Micha«, stellte er zufrieden fest und schaute mich erwartungsvoll an: »Kannst an Blues spuin?«

Ich hasste Blues, weil ich in den diversen Jazzbands und Ensembles immer Blues hatte spielen müssen, wenn uns das Repertoire ausgegangen war. Mein Instinkt sagte mir allerdings, dass die falsche Antwort die Audition beenden würde, bevor sie überhaupt erst angefangen hatte.

»Ja klar«, entgegnete ich selbstbewusst.

»Dann spui!«, rief Jürgen und bedeutete mir, dass ich zum Flügel gehen sollte. Ich packte mein Altsaxophon aus, und Jürgen hieb in die Tasten. Er war ein sehr guter Pianist und spielte einen Blues, der richtig groovte. Ich gab, was ich konnte, blies ein paar Töne, improvisierte und fand, dass ich eine miserable Vorstellung abgegeben hatte. Ungefähr zwei Minuten nachdem wir begonnen hatten, hörte Jürgen mitten im Stück zu spielen auf. Ich dachte: »So das war's, verschissen, warst einfach zu schwach.« Er aber rief: »Gut, passt«.

»Was heißt passt?«, fragte ich völlig verdutzt. »Passt heißt, passt. Du bist dabei.«

Ich war völlig von den Socken, denn damit hatte ich wirklich nicht gerechnet. Hatte er doch tatsächlich mein großes Talent erkannt und mich genommen! Ich hatte zwar noch keinerlei Ahnung, worum es musikalisch gehen würde, aber ich fühlte mich außerordentlich geschmeichelt und in meiner eigenen Einschätzung bestätigt, ein großartiger Musiker zu sein.

Dass ich neben dem Saxophon auch Trompete, Hörner und Keyboards spielen konnte, schien Jürgen dabei nicht einmal zu interessieren. Zwei Minuten schlecht improvisierter Blues konnten nicht verhindern, dass dieser Mensch das große Talent entdeckte, das in mir schlummerte, und mir die Chance gab, meinem öden Jurastudium zu entfliehen, um entdeckt zu werden. Meine Karriere als Popstar konnte nun endlich beginnen. Ich wusste zwar nicht, wofür ich gerade verpflichtet wurde, aber ich spürte, dass es etwas ganz Besonderes sein musste. Mein Schicksal fügte sich, und ich fügte mich in mein Schicksal.

Der Blondling, Heinz Josef »Charlie« Braun und der Jüngling, Roald Raschner, bestanden ebenfalls ihre »Aufnahmeprüfung« mit Bravour, und so hatte die zukünftige Band, neben mir als Saxophonist, Trompeter, Hornist und Keyboarder, Charlie als Bassisten und Tubisten, Roald als Keyboarder und Gitarristen. Peter Enderlein, der zuvor schon als Schlagzeuger an der Aufnahme der ersten LP, »Haindling 1«, mitgewirkt hatte, war ohnehin schon vor uns dabei. Ich brachte dann noch meinen Freund Rainer Kürvers als Keyboarder und Hornisten zur Band.

Jahre später fragte ich Jürgen einmal nach seinen Kriterien bei der Auswahl von Lehrlingen für seine Töpferei. »Wenn einmal eine gekommen ist«, sagte er, »und gefragt hat, ob s' als Lehrdirndl bei uns anfangen kann, hab ich s' gefragt: ›Kannst einen Zentner (Ton) heben? Und wenn s' ja gesagt hat, dann hab ich gesagt: ›Heb!‹, und wenn s' den gehoben hat, hab ich s' genommen.«

»Interessant«, sagte ich und zog gewisse Parallelen bezüglich seiner Auswahlkriterien gegenüber meiner Person als Musiker.

»Und warum hast du damals mich eingestellt?«

Und Jürgen antwortet trocken: »Weil halt grad kein anderer da war!«

Vom Buchner zum Haindling

Was ich zunächst nicht wusste, war, dass Jürgen Buchner schon ein richtiger Star in der deutschen Musikszene war. Hätte er mir das bei der Audition gleich gesagt, hätte ich es ihm wahrscheinlich nicht einmal geglaubt. Tatsächlich war Jürgen damals aber schon ein »echter« Künstler mit Plattenvertrag. Sein 1982 veröffentlichtes erstes Album »Haindling 1« hatte ihm 1983 den deutschen Schallplattenpreis für das beste Album in der Kategorie »Rock National« eingebracht. Den Preis teilte er sich mit dem österreichischen Sänger »Falco«, der mit »Der Kommissar« ebenfalls prämiert worden war. Das hatte es in der Geschichte der deutschen Phonoakademie noch nicht gegeben.

Dies war allerdings nicht das einzig Ungewöhnliche in Jürgens Leben, denn auch die Art und Weise, in der er zu seinem Plattenvertrag kam, war alles andere als alltäglich. Jürgen lebte damals schon in dem 300 Jahre alten Wirtshaus des Wallfahrtsortes Haindling, das er Jahre zuvor zusammen mit seiner damaligen Freundin und heutigen Ehefrau, Ulrike Böglmüller-Buchner, gekauft und renoviert hatte und mit der er eine Töpferei betrieb. Tagsüber arbeitete er in seinem Betrieb, in seiner Freizeit machte er Musik. Beim Töpfern hörte er häufig die Stücke ab,

die er in der Nacht zuvor aufgenommen hatte, um sich weitere Inspirationen zu holen und an den Songs weiterzuarbeiten. Er schrieb immer mehr Lieder, und es dauerte nicht lange, bis die Kunden der Töpferei, die die Musik hörten, nicht nur seine Keramik kaufen wollten, sondern auch fragten, wie sie zu Aufnahmen seiner Lieder kommen könnten. Aufgrund der zunehmenden Nachfrage entschloss sich Jürgen, eine Schallplatte mit seiner Musik aufzunehmen.
Irgendwann fuhr Jürgen nach Wien, wo er den englischen Rocksänger Kevin Coyne kennenlernte. Dieser war ein äußerst ungewöhnlicher Mensch. Er sah aus wie einer von Tolkiens Hobbits aus »Herr der Ringe«: klein und rundlich, mit langen, zotteligen Haaren, warmherzigen Augen und einem freundlichen Gesicht. Doch so klein und unscheinbar er wirkte, so groß war seine Stimme. Kevin Coyne war ein begnadeter Sänger. Neben seinem rauchigen und gewaltigen Organ nahm sich Joe Cocker wie ein Chorknabe aus. Wie bei den meisten großen Musikern stand sein Durst seiner Stimmkraft in nichts nach. Jürgen und Kevin verstanden sich auf Anhieb, wurden sofort Freunde. Sie tranken und musizierten drei Nächte durch und vereinbarten ein Wiedersehen in Haindling, das wenige Wochen später auch tatsächlich stattfand. Bei seinem Besuch hörte sich Kevin Jürgens Songmaterial an und war begeistert. Sogleich schlug er vor, dass Jürgen sich fortan nur noch auf seine musikalische Karriere konzentrieren sollte. Kevin hatte einen Vertreter seiner Plattenfirma nach Haindling mitgebracht. Gleichermaßen beeindruckt von Jürgens Musik, schlug dieser vor, einen Musikverleger namens Dolf Hartmann in München zu kontaktieren. Dieser, Inhaber von »Rock'n'Show«, einer in München ansässigen Musikverlags- und Musikvermarktungsagentur, war schnell davon überzeugt, mit Jürgen Buchner einen ganz besonderen Künstler getroffen zu haben. Deshalb wollte er Jürgen zum Abschluss eines Plattenvertrages mit einer großen Plattenfirma bewegen. Als aber Dolf zusammen mit seinem Freund, K. P. Schleinitz, dem damaligen Pressechef der Ariola München, Jürgen begeistert anbot, ihm einen Plattenvertrag zu verschaffen, holten sich beide erst einmal eine Abfuhr. Jürgen machte ihnen klar, dass er kein Interesse an einem Plattenvertrag habe, sondern nur wissen wolle, wie und wo er seine Schallplatte pressen lassen könne, da er einige Platten zu Weihnachten an die Kunden seiner Töpferei verschenken wolle. Auf keinen Fall wolle er einen Plattenvertrag abschließen.
Dolf und K. P. waren einigermaßen sprachlos. Ein Musiker, der einen Plattenvertrag zurückweist – das gab es in der Musikbranche noch nie! Jeder Musiker, der nur halbwegs nach Erfolg strebt,

wünscht sich sehnlichst einen Plattenvertrag – und dann kommt dieser Hans-Jürgen Buchner und sucht lediglich jemanden, der ihm hilft, seine Schallplatten zu pressen, die er zudem noch verschenken möchte. Dolf und K.P. waren völlig konsterniert! Aber sie gaben nicht auf und konnten die Hamburger Polydor, ein Label der Deutschen Grammophon, für Jürgens Musik begeistern. Die Polydor bot einen Schallplattenvertrag und 1000 Schallplatten gratis an, wenn Jürgen nur unterschreiben würde.

Die Zeit bis Weihnachten wurde langsam knapp, und Jürgen willigte schließlich unter der Bedingung ein, dass Polydor die fristgerechte Lieferung der Platten garantierte. Dolf finanzierte einige professionelle Aufnahmen, und Jürgen spielte sein gesamtes Repertoire innerhalb von nur drei Tagen ein. Danach unterschrieb er seinen ersten Plattenvertrag.

Wie bei Plattenfirmen so üblich, begab man sich auf die Suche nach einem Namen für das »Projekt Jürgen Buchner«. Angesichts von Namen wie »Trio«, »Fehlfarben« oder »Ideal« wollte man natürlich einen »coolen« Namen finden. Das Album sollte rasch veröffentlicht werden, und die Zeit drängte. Irgendwann hatte Jürgen von den ständigen Nachfragen der Plattenfirma in dieser Sache genug und akzeptierte Dolf Hartmanns Vorschlag, das Projekt einfach »Haindling« zu nennen, und so wurde aus dem Namen des niederbayerischen Wallfahrtsortes Haindling der Name des kultigsten bayerischen Musikprojektes.

Das erste Album »Haindling 1«

Kurze Zeit später wurde mit »Haindling 1« das erste Buchner-Album veröffentlicht. Für mich ist es bis heute d a s Haindling-Album schlechthin. Mit »Rote Haar«, »Erzherzog Johann« und »Guten Morgen« traf Jürgen voll den Puls der Zeit. Die Platte wurde von der Presse bejubelt, und Jürgen musste verschiedene TV-Auftritte absolvieren. Einer davon fand bei Alfred Bioleks »Bios Bahnhof« statt. Jürgen sang seinen Song »Guten Morgen« und trat in Bios Abendsendung im Pyjama und Morgenmantel auf. Nachdem die Deutsche Phonoakademie »Haindling 1« ausgezeichnet hatte, wünschte die Polydor, dass Haindling nicht nur aus Jürgen Buchner allein, sondern aus einer ganzen Band bestehen sollte. Schließlich war geplant, Jürgen mit seiner Musik auf Tournee zu schicken, um dadurch die Plattenverkäufe weiter anzukurbeln. Und so kam es zu der allerersten Haindling-Band.

Die erste Band

Die erste Band bestand aus den Musikern, »die halt grad da war'n«, und dies waren Individuen, wie sie unterschiedlicher nicht sein konnten.

Peter Enderlein
Peter Enderlein war eigentlich das Bandmitglied der ersten Stunde. Als Jürgen »Haindling 1« aufnahm, war Peter »zufällig« im Studio, und als er erfuhr, dass Peter Schlagzeuger ist, fragte er ihn, ob er nicht einen Track einspielen wollte. Peter nahm das Angebot dankend an, und Jürgen freundete sich sofort mit Peters sehr unkonventioneller Art des Schlagzeugspielens an. Als später die Forderung der Polydor nach einer Band laut wurde, war Peter der Erste, den Jürgen

Buchner fragte, und so wurde Peter zum ersten Mitglied der Haindling-Band. Peter war damals schon ein fester Bestandteil der Münchner Musikszene und hatte sich als Drummer verschiedener Münchener Bands einen Namen gemacht. Seinen Beruf als Malermeister hängte er an den Nagel, um sich ganz der Musik widmen zu können. Zusätzlich entdeckte Peter ein weiteres Talent als bildender Künstler. So schuf er Skulpturen und Installationen aus Holz und Eisen, die er in verschiedenen Vernissagen vermarktete.

Charlie Braun
Heinz Josef »Charlie« Braun war Bassist und musste für Haindling extra das Tubaspielen lernen. Jürgen vertraute ihm seine »Kaiser-Tuba« an, ein bedrohlich monströses Gerät, das einem mit Grünspan befleckten Schiffsschornstein glich. Der Sound, den Charlie dem Gerät entlockte, ähnelte eher einem Nebelhorn, aber die Show, die Charlie dazu abzog, führte dazu, dass keiner auf den Ton, sondern nur auf den begnadeten Selbstdarsteller und seine komödiantischen Verrenkungen achtete. Ganz anders ging es zu, wenn Charlie mit unnachahmlicher Mimik auf seinen Bass eindrosch. Er hatte von uns allen die intensivste Bühnenpräsenz.

Peter Enderlein

Er tanzte, schwitzte, sprang auf der Bühne herum und schrie sich die Seele heraus. Sein Sahnestückchen war die »Meuterei«, bei der Charlie wie ein außer Kontrolle geratener Springteufel über die Bühne fegte und das Publikum in seinen Bann zog.
Charlie war nicht nur ein begnadeter Bassist, sondern auch ein Schauspieler mit damals schon spektakulärem Ruf. Er war Hauptdarsteller in der Sciece-Fiction-Comedy »Xaver und sein außerirdischer Freund«, mit der er, insbesondere in seiner bayerischen Heimat, zum Kultschauspieler avancierte. Charlies Schauspielerkarriere war für ihn letztlich auch der Grund, Haindling zu verlassen. Er schrieb einige Kabarettstücke wie »Heinz bleibt Heinz«, »Heinz und die Frauen« oder »3000 Heinz, ein Motivationsjunkie packt aus« sowie »Dr. Charly & Mr. Heinz«, mit denen er durch Bayern tourte und hervorragende Kritiken erhielt. Zuletzt war Charlie in Markus

Charlie Braun

Roald Raschner

H. Rosenmüllers Film »Wer früher stirbt, ist länger tot« als Vorsitzender des Jüngsten Gerichts zu sehen. Wer den Film kennt, kann verstehen, warum ich wegen Charlie bei unseren Konzerten manchmal so lachen musste, dass ich nicht mehr weiterspielen konnte.

Roald Raschner

Roald Raschner, war der Jüngste von uns allen – allerdings nur auf dem Papier. Was Lebenserfahrung betraf, konnte er locker mit jedem von uns mithalten. Roald war New Waver und schon ein Teenie-Star, bevor er zu Haindling kam, und das war ihm anzumerken. Er hatte keinerlei Scheu vor der Kamera oder den Medien, bewegte sich selbstbewusst und selbstsicher auf der Bühne, und er war und ist ein begnadeter Musiker. Roald hat wirklich Talent und war deshalb nicht nur Keyboarder und Gitarrist, sondern später auch Produzent verschiedener Haindling-Alben. Da er Jürgen Buchners musikalisches Empfinden wie kaum ein anderer kannte, lag es nahe, dass Jürgen nach verschiedenen Erfahrungen mit anderen Produzenten mit Roald arbeitete. Dieser übernahm daher auch den Part des »Musical Directors« der Haindling-Band und wachte von seinem Keyboard-Stack aus über das Geschehen auf der Bühne. Wenn sich einer von uns verspielte, gab's harsche Kommentare und böse Blicke. Roald hatte als Sänger von »Stefan Massimo & the Deli Cats« mit »Anytime and Anywhere« in den späten Achtzigerjahren einen Hit und konnte sein Gesangstalent auch bei Haindling unter Beweis stellen.

Rainer Kürvers

Rainer Kürvers spielt Keyboards und Tenorhorn. Er begegnete mir in meiner Heimat am Bodensee, als ich zufällig durch den Schlosshof des Schlosses Spetzgart fuhr und eine Jazzband proben hörte. Ich stieg aus und fand drei Musiker beim Jammen. Rainer spielte Klavier, und weil ich von seinem Spiel so fasziniert war, dauerte es keine Stunde, bis wir eine gemeinsame Jazzband gegründet hatten. Rainer und ich wurden enge Freunde, und er kam fast zeitgleich mit mir nach München. Als Jürgen mir erzählte, dass er noch einen Keyboarder und Hornisten brauchte, schlug ich Rainer vor, Und »weil halt grad kein anderer da war«, wurde Rainer der letzte Zugang bei der Band. Er war der intellektuellste Musiker der Band, las unheimlich viel und hatte daher ein ungeheures Allgemeinwissen. Ebenso groß wie sein Appetit nach Büchern war sein Appetit auf Weißbier. Ein Kasten Weißbier war fester Bestandteil unserer Cateringliste, und wehe, wenn der örtliche Veranstalter Rainers Weißbier vergessen hatte! Denn dieser war zwar stets höflich, konnte aber auch ziemlich pampig werden, wenn das Bier ausging. Rainer, Charlie und unser Soundingenieur, Percy Rönnberg, waren die drei Mitglieder der »Gruppe A« – berüchtigt für eine ungeheuerliche geistige und körperliche Disziplin. Nachts diskutierte und trank man gerne an der Hotelbar, dann wurde früh aufgestanden, um so rechtzeitig zum nächsten Auftrittsort fahren zu können, dass der noch vorhandene Restalkohol noch vor dem Konzert beim Squash abgebaut werden konnte.

Nach dem Soundcheck und vor dem Konzert vertrieb sich »Gruppe A« die Zeit mit tiefschürfenden philosophischen Diskussionen, Betrachtungen der Abgründe der eigenen Existenz oder politischen Streitgesprächen.

Michael Braun

Ich selbst war als »Multiinstrumentalist« Saxophonist, Trompeter, Hornist, Keyboarder, Percussionist und, sofern das Mikrofon an war, Backing-Vocalist im Einsatz. Da ich parallel zu meiner Haindling-Mitgliedschaft und meinem Jurastudium auch noch als Aerobic-Lehrer tätig war, verpflichtete mich Jürgen, bei den Konzerten immer ein ärmelloses »Muskltieschört« zu tragen. Um meinen Körper in Szene zu setzen, gab ich beim »Holzscheidl Rap« und der »Meuterei« einige tänzerische Darbietungen zum Besten, wofür ich von Karl Forster in einer seiner Konzertkritiken in der *Süddeutschen Zeitung* als »eitler Poppervortänzer« geadelt wurde. Meine Kommilitonen nannten mich von da an nur noch »Popstar«, was mir natürlich ungemein schmeichelte; denn nichts war schlimmer, als ein gewöhnlicher Jurist zu sein.

Somit bestand die erste Besetzung der Haindling-Band aus Jürgen Buchner (Saxophone, Trompeten, Hörner, Keyboards, Gitarre, Percussion, Gesang), Roald Raschner (Keyboard, Gitarre, Gesang), Peter Enderlein (Schlagzeug), Rainer Kürvers (Keyboard, Horn), Charlie Braun (Bass, Tuba, Keyboard, Gesang, Percussion) und mir (Trompete, Horn, Saxophon, Keyboard, Percussion, Gesang).

Wir waren eine Gruppe sehr unterschiedlicher Menschen, die sich durch ihre Individualität von anderen Bands der deutschen Szene völlig unterschied. Wenn wir miteinander auf Tournee gingen, war jeder Tag ein Exzess, denn in einer Band zu spielen, die »hip« war, Platten in den Charts hatte und hervorragende Kritiken für ihre Konzerte bekam, war quasi ein Persilschein für »ungezwungenes« Benehmen. Die Haindling-Band war berüchtigt für ihre Unberechenbarkeit, aber auch für den Riesenspaß, den wir miteinander und mit anderen hatten. Es gab reichlich Exzesse, aber niemals irgendwelche Gewaltausbrüche wie bei anderen, besonders englischen Bands. Wir waren einfach nur lustig, auch wenn wir oft provokativ derb auftraten.

In den frühen 80iger-Jahren trieben wir es teilweise so bunt, dass die Promoterinnen unserer Plattenfirma Polydor, die uns bei unseren Fernsehauftritten begleiten und betreuen mussten, Streichhölzchen zogen, wenn's um die Frage ging, wer diesmal Haindling zum Fernsehauftritt begleiten musste. Ein Autor der Süddeutschen Zeitung, der damals einige Tage mit uns auf Tour war, brachte das »Haindling-Live-Gefühl« mit folgenden Worten auf den Punkt: »Drei Tage auf Tour mit Haindling ist wie ein Monat Landschulheim mit einer Gruppe Schwererziehbarer.«

Im Hühnerstall

Nachdem die Band nun zusammengestellt war, musste geprobt werden. Da »Haindling 1« bereits veröffentlicht war, gab es schon ein Repertoire von zehn Songs, die geprobt werden mussten. Proben war nie unsere Stärke, und wie später die Konzerte, so war auch jede Probe ein kleines Abenteuer. Da fünf der sechs Bandmitglieder aus München kamen, war es klar, dass auch in München geprobt werden musste. Aber wo?

Probenräume waren damals schon so knapp wie heute, und weil's ja nichts kosten durfte, war das mieseste Loch gerade gut genug. Unser erstes Probelokal war daher der Luftschutzbunker am Olympiastadion. Die meterdicken Betonwände schienen ideal fürs Musikmachen zu sein, denn sie garantierten, dass keiner unsere ersten musikalischen Aktivitäten hören konnte. Der Nachteil war, dass es im Bunker wahnsinnig kalt und ungemütlich war, sodass immer geheizt werden musste. Da Keyboards damals noch nicht so kompakt gebaut waren wie heute, musste Roald seinen Yamaha CP-70-Flügel, das damalige Stage-Piano der Wahl, im Probenraum stehen lassen. Der Stress beim Proben im Bunker begann bereits damit, dass Jürgen, der jedes Mal von Haindling anreisen musste, sich um Stunden verspätete. Wir verloren bei jedem Termin kostbare Zeit und hätten unser Programm sicherlich schneller »in den Kasten« bekommen, wenn Jürgens Zeitplan besser funktioniert hätte.

Da dieser aber, wie es sich für einen Musiker gehört, niemals vor Mittag aufstand, war es einfach blödsinnig, Proben für zwei Uhr nachmittags anzusetzen. Jürgens Verspätung gab uns allerdings die Möglichkeit, miteinander zu jammen und uns aufeinander einzuspielen. Richtigen Stress gab's, als wir eines

HAINDLING

Samstagnachmittags zum Proben kamen. Die Tür zu unserem Probenraum war aufgebrochen worden und Roalds CP-70 war weg. Dies war die absolute Katastrophe, denn ohne Roald konnten wir nicht spielen. Trotz meterdicker Betonwände war es offensichtlich jemandem gelungen, in den Bunker einzubrechen, um teure Musikinstrumente zu klauen. Was offensichtlich gut genug war, um gegen Bomben amerikanischer Flieger zu schützen, war nicht gut genug, um Haindling ein unbesorgtes Proben zu gewährleisten.
Nach kurzer Beratung war klar: »Ein neuer Flügel und ein neuer Probenraum müssen her.« Der Flügel war das kleinere Problem, denn Roald war versichert und hatte einen guten Musikinstrumentenhändler, der ihn schnell mit einem noch besseren Flügel versorgte. Aber der Probenraum

Nicht grad's Vier Jahreszeiten, aber zum proben glangt's.

war ein Problem. So etwas in München zu finden, war so aussichtsreich wie die Suche nach einer Fünfzimmerwohnung an der Maximilianstraße für hundert Mark Miete.

Nichtsdestoweniger hatte Peter eine Idee. In Freimann, in der Situlistraße, gab's »Bobo's Choppercorner«. Bobo war damals der Münchner Harley-Davidson-Händler schlechthin und Treffpunkt für viele Harley-Freaks und solche, die es werden wollten. Nachdem Peter selbst passionierter Biker war, kannte er natürlich Bobo und wusste, dass dieser im Hinterhof einen ehemaligen Lagerraum in einen Hühnerstall umgewandelt hatte. Nach einem kurzen Anruf bei Bobo waren die Verhältnisse geklärt: Hühner raus, Haindling rein.

»Ich hab einen Übungsraum in einem Hühnerstall in Freimann«, erklärte Peter bei unserem nächsten Treffen. »Nicht grad's Vier Jahreszeiten, aber zum Proben glangt's«.

Wir trafen uns also am nächsten Tag im Hinterhof und inspizierten unsere neue Kulturstätte. Der Stall war tatsächlich in einem ehemaligen Kühlraum untergebracht und hatte dadurch dicke Wände und Türen, fast so wie im Bunker, aber irgendwie gemütlicher. Bobo und Peter hatten schon Platz gemacht und den Raum gesäubert. Trotzdem stank es immer noch nach Hennen- und Taubendreck, und im Raum hing ständig ein leicht süßsaurer Geruch. Aber trotz des Gestankes war der Raum viel angenehmer als der feuchtkalte Bunker in der Innenstadt. Ein türkisches Lokal gleich neben Bobo's Harley-Laden half ungemein, um uns die Zeit angenehm zu vertreiben, wenn wir mal wieder auf Jürgen warten mussten. Wir glaubten, dass der Raum auch völlig schalldicht sei, und gaben richtig Gas.

Von Zeit zu Zeit musste allerdings gelüftet werden, weil wir sonst erstickt wären. Zigarettenrauch und Hennendreck waren eine unschlagbare Duftkombination, und wenn ich abends vom Proben nach Hause kam, musste ich mich erst einmal ausgiebig in die Badewanne legen, weil ich meinen eigenen Gestank nicht ertragen konnte.

Als ich vor geraumer Zeit einem Münchener Musiker und Produzenten von Haindling erzählte, sagte er: »Gell, ihr habt's doch beim Bobo im Hennenstall geprobt?«

»Ja, woher weißt denn du das«, fragte ich erstaunt.

»Weißt, ein Spezl von mir, der hat beim Bobo als Mechaniker gearbeitet. Und irgendwann hat er mich angerufen und gesagt: ›Clemens, komm unbedingt mal am Samstag zu mir in d'Werkstatt rüber. Da probt eine Band im Hennenstall, und die spielen Rock mit der Tuba, des musst du dir unbedingt anhörn, des klingt so gut,, da haut's dir völlig den Vogel raus‹.«

Die ersten Gigs

Nachdem die Songs von »Haindling 1« nach langem Proben endlich saßen, buchte unser Manager, Dolf Hartmann, den lang ersehnten ersten TV-Liveauftritt auf der Berliner Funkausstellung. Diese Veranstaltung war in den Achtzigern eine jährliche Messe der deutschen Unterhaltungsindustrie, und wie sich's gehörte, wurde auf jeder Messe auch Livemusik gespielt. Da die Funkausstellung 1983 unter dem Motto »Bayern« stand, mussten Schuhplattler, Trachtler und Fingerhakler im preußischen Berlin die Klischeevorstellungen von bayerischer Kultur bestätigen. Haindling passte dazu wie die Faust aufs Auge, aber Dolf fand, dass ein öffentlicher Fernsehauftritt ein interessantes Experiment sein könnte. Ausschnitte des Auftrittes sind auf dem Alpen-Rock-Portrait auf der Haindling-Live-DVD zu bewundern.

Dafür, dass es unser erstes Konzert war und dazu noch bei einer Schweinekälte im Freien gespielt werden musste, war's gar nicht schlecht. Obwohl wir uns den Hintern abfroren und vor lauter Kälte die Instrumente fast nicht stimmen konnten, gelang uns aus technischer Sicht eine erstaunlich gute TV-Livepremiere. Keiner von uns ahnte, dass solche Liveauftritte typisch für Haindling werden sollten. Denn in den folgenden Jahren wurden unsere Konzerte häufig vom Fernsehen übertragen, bevor wir auf Tour gehen und uns einspielen konnten. Wahrscheinlich haben wir es der »Berliner Erfahrung« zu verdanken, dass es trotzdem immer gutgegangen ist.

Viel wichtiger als der TV-Gig war allerdings unser erster wirklicher Liveauftritt vor zahlendem Publikum. Dieser fand im Winter 1982 in Würzburgs heißestem Club, dem *Paramount*, statt. Das war eigentlich ein Kellerlokal mit dem Charme einer Prager Taverna. Sein Besitzer, ein Würzburger Clubwirt namens »Sony«, machte aber aus diesem eher engen und stickigen Lokal den angesagtesten Laden weit und breit. Für uns war's daher eine besondere Herausforderung, in diesem Laden vor einem mutmaßlich verwöhnten und ignoranten Publikum zu bestehen.

»Was sollen wir denn den ganzen Abend spielen? Wir haben doch nur zehn Stücke«, fragte ich Jürgen besorgt.

»Du, scheiß dir nix, wenn wir durch sind, mach ma Pause, und dann fangen wir wieder von vorn an«, erwiderte er gleichgültig.

»Meinst du nicht, dass die Leute das merken?«, fragte ich noch besorgter.

»Geh weiter, glaubst du, dass das einer von den Discodeppen überhaupt merkt?«

Jürgen hatte sicherlich recht. Die Leute, die ich vor der Show so im Publikum sah, machten mir wirklich nicht den Eindruck, als würden sie sich darum scheren, was gespielt würde.

Wir fingen also an zu spielen. Die erste Nummer war »Weite Welt«, ein Instrumental, das mit Tenorhörnern, Tuba und Posaune begann und das sich im letzten Teil zu einer eklektischen Synthesizerorgie wandelt, in der Roald sich in Trance spielte. Wir begannen unseren Teppich von Dreiklängen in dem Gewölbe des *Paramount* auszubreiten, und es dauerte keine zehn Takte, bis der bis dahin völlig chaotische und überlaute Haufen von »Discofuzzis« mucksmäuschenstill wurde. Wir ließen unser geballtes Blech ertönen, dass die Gewölbemauern wackelten, und man konnte in den Gesichtern der ersten fünf Zuschauerreihen gespannte Ratlosigkeit sehen. Ich wusste nicht, was die Leute, die an dem Abend zehn Mark Eintritt gezahlt hatten, erwarteten, aber der Ausdruck in den Gesichtern bewies, dass sie mit einem solchen Sound nicht gerechnet hatten. Das Publikum war wie hypnotisiert, einige Jungs stießen sich gegenseitig anerkennend in die Rippen, und selbst einige der nicht unattraktiven Damen nickten anerkennend mit dem Kopf, als Peter und Roald im Synthesizer-Part des Stückes losgroovten.

Als der Song zu Ende war, gab's tosenden Applaus und Gejohle, und wir wussten sofort, dass an diesem Abend die Post abgehen würde. Das zweite Stück war »Achtung Achtung«. Roald spielte die Einleitung, Rainer und ich gaben auf unseren Tenorhörnern alles, was wir hatten, und Jürgen nahm sein Megafon und stellte auf »Sirene« . Der ganze Keller groovte, und das Publikum fing an zu tanzen.

Anstatt in sein Mikrofon zu singen, nahm Jürgen wieder das Megafon und brüllte hinein: »Achtung, Achtung, wer ist einsam, wer ist allein?«

Sofort flogen Hunderte Hände im Publikum in die Luft, und die Leute schrien »Ich« oder »Hier«, und einige der Damen hüpften ekstatisch in die Höhe, um sich im Gewühl bemerkbar zu machen. Jetzt war klar, wir hatten die Leute völlig »im Sack«. Die Würzburger »Edeldisse« *Paramount* verwandelte sich innerhalb von weniger als zehn Minuten zum Kulturtempel mit einem Publikum, wie man sich es nicht besser hätte wünschen können. Das erste Set lief phänomenal. Die Leute tanzten, dass der Schweiß förmlich von der Decke tropfte. Charlie übertraf sich selbst am Bass und unterstützte sein Spiel durch seine unvergleichliche Mimik, was ihm sofort die Sympathien der Frauen einbrachte. Jürgen mischte seine Moderationen zwischen den Stücken mit Witz, Hintersinn und Grant, und die Leute fraßen ihm förmlich aus der Hand. Er hatte sein Publikum voll im Griff.

Nach der Pause gingen wir wieder auf die Bühne, und alle hatten Schiss, dass nun die Stimmung ins Gegenteil umschlagen würde. Denn mit unserer Einschätzung, ein ignorantes und egozentrisches Publikum vor uns zu haben, lagen wir kräftig daneben. Die Leute waren völlig präsent und einige schienen Haindling schon zu kennen, denn sie konnten bei »Rote Haar« und beim »Erzherzog Johann« jedes Wort mitsingen. Was also tun?

»So, jetzt kommt der zweite Teil vom Konzert, und weil ihr so sauber drauf wart beim ersten, haben wir uns gedacht, dass wir die ganzen Lieder von vorher nochmal spielen. Außerdem hat der Sony g'sagt, dass noch viele neue Leut gekommen sind, die die alten Lieder bestimmt nochmal hören wollen. Ist des o.k?«, rief Jürgen ins Mikro.

»Sauber, geil, super, passt« etc., war die Antwort aus dem Publikum. Und somit ging die ganze Show nochmal von vorn los. Der zweite Teil des Abends war nicht weniger erfolgreich als der erste, und wir mussten vier Zugaben spielen, bevor wir lange nach Mitternacht endlich von der Bühne gelassen wurden.

Nach der Show gab Sony für uns alle Champagner aus, und zur Feier unseres ersten Live-Konzertes floss der Alkohol in Strömen. Die Mädels waren nach diesem Abend natürlich besonders nett, und die verbalen und sonstigen Streicheleinheiten, in deren Genuss wir kamen, entschädigten uns für die vielen Tage und Abende, die wir im Bunker und Hennenstall beim Üben hatten verbringen müssen.

An diesem Abend lernten wir auch gleich den harten Kern unserer Würzburger Fans kennen, die uns bis heute die Treue halten und uns auf unseren Konzerten besuchen, wenn wir in Würzburg und Umgebung spielen. Popstar sein, das war wirklich was!

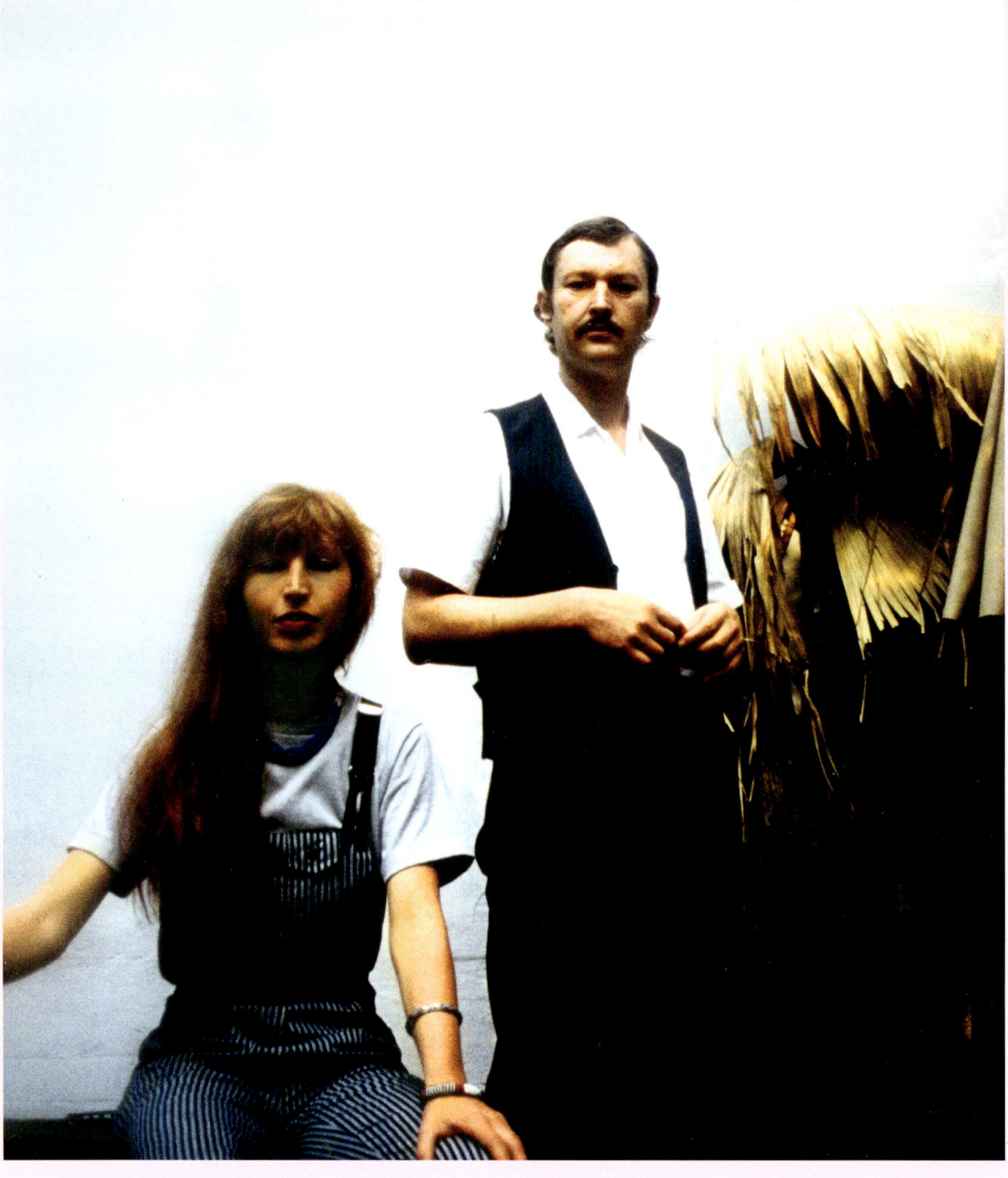

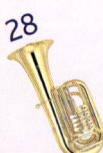

Weingarten

Das Haindling-Konzert in der oberschwäbischen Stadt Weingarten war eine meiner sehr frühen tiefgreifenden Erfahrungen mit Jürgen. Ich war besonders aufgeregt, weil der Ort in der Nähe von Bad Saulgau liegt, dem Wohnsitz meines Patenonkels »CD«. Onkel CD ist von Beruf Apotheker, aber im Herzen ist er ein brillanter Jazzmusiker, der Apotheker werden musste, um seine fünf Kinder durchzubringen, was ihm sicherlich nicht so bravourös gelungen wäre, hätte er seinen Neigungen nachgegeben. Weil er sich so für Jazz begeisterte, hatte er mich schon im zarten Bubenalter an diese Musikgattung herangeführt und mir das Improvisieren beigebracht. Ebenfalls ein Multiinstrumentalist, spielte »CD« hervorragend Klarinette, Ventilposaune und Vibrafon.

Für mich sollte das Konzert in Weingarten den Beweis für den Erfolg seiner jahrelangen musikalischen Unterstützung seines Patenkindes bringen – und mein kleiner Triumph werden. Zwar hatte Onkel »CD« als Jazz-Purist Haindling noch nie gehört, aber er folgte bereitwillig meiner Einladung zu unserem Konzert und war bereit, einmal eine neue Erfahrung zu machen.

Wie üblich kamen wir schon nachmittags zum Soundcheck in der Weingartener Mehrzweckhalle an. Weil Haindling schon damals technisch aufwendig und damit einigermaßen teuer zu veranstalten war, wurde der lokale Konzertveranstalter von der Kreissparkasse Weingarten gesponsert. Daher hingen überall an den Wänden Werbeplakate dieses Geldinstitutes. Da diese in ihrem rot-weißen Design sehr auffällig waren, stießen sie auf Jürgens deutliches Missfallen.

»Dooolf!«, schrie er durch die leere Halle. »Was ist denn das für eine beschissene Deko in der Halle da herin?«

»Ich weiß auch nicht«, entgegnete Dolf. »Die stammt von der Kreissparkasse, die heute unser Konzert sponsert.«

»Die will ich aber nicht sehn, da hab ich schon gar keine Lust mehr zum Spielen, wenn ich so eine Geschmacklosigkeit sehen muss!«

»Kann ich ja verstehen«, meinte Dolf ungerührt, »aber daran können wir nichts ändern, das ist halt der Preis des Sponsorings.«

Jürgen maulte noch irgendetwas vor sich hin, und der Soundcheck konnte endlich beginnen. Nachdem wir eine halbe Stunde später damit fertig waren, zogen wir uns in den Backstagebereich zurück. Dort wurden wir freudestrahlend von Dolfs Kumpel Freddy Junginger mit einer Kiste Champagner empfangen. Freddy war Sohn einer vermögenden Arztfamilie, die irgendwo in Frankreich einen Weinberg hatte und ihren eigenen Champagner herstellte. Das Getränk war wirklich fantastisch und hätte mindestens für eine »Veuve Cliquot« oder einen »Dom Perignon« durchgehen können. Freddy ließ die Korken knallen, und wir alle konnten der Versuchung nicht widerstehen, uns ein Gläschen von dem wunderbaren Nass zu gönnen. Jürgen hatte dabei die allergrößte Freude, denn irgendwie schien es, als würde er mit dem »Kracherl« seinen Frust über die Hallendekoration herunterspülen.

Der Spätnachmittag nahm so seinen Verlauf, und ehe wir uns versahen, waren die sechs Flaschen Champagner leer getrunken. Dabei hatte nicht etwa die Band den Löwenanteil konsumiert, sondern Freddy und Jürgen. Freddy war sternhagelvoll, hatte einen feuerroten, aufgequollenen Kopf und sah aus wie ein wandelnder Feuermelder. Jürgen, der unglaublich viel vertragen konnte, machte hingegen einen noch sehr fitten Eindruck.

Jetzt hab ich grad mein' Text vergessen.

Das Konzert ging also wie üblich mit »Weite Welt« los und lief zunächst auch ganz gut. Wie in der Anfangszeit von Haindling üblich – und von Kevin Coyne vorexerziert –, stand auch bei diesem Konzert schon ein Kasten Helles auf der Bühne bereit. Für Jürgen gehörte es damals noch zum Selbstverständnis eines Musikers, auf der Bühne Alkohol zu trinken, wobei der ein oder andere »Live-Rausch« dem Spaß für gewöhnlich keinen Abbruch tat. Es war daher absolut keine Seltenheit, dass Jürgen während eines Konzertes einen halben Kasten Bier vernichtete. Das fiel allerdings nicht weiter auf, weil Jürgen – im Gegensatz zu mir – einfach unglaublich viel vertragen konnte.

Wir spielten unser Konzert, und wie üblich nahm sich Jürgen während der Pausen zwischen den einzelnen Stücken ein Schlückchen aus der Flasche Bier, die vor ihm auf der Bühne stand. Irgendwann jedoch, in der zweiten Hälfte des Konzertes, bemerkte ich, dass irgendetwas nicht stimmte. Jürgen sang mit einen leichten Zungenschlag und bewegte sich auffallend anders als gewöhnlich. Ein bisschen glich seine Gestik der von Joe Cocker. Ich ließ mir aber nichts anmerken und spielte, als ob alles in bester Ordnung wäre. Wir spielten irgendeinen Song mit Saxophon und Gesang, als es geschah: Jürgen vergaß den Text. Er konnte sich einfach nicht mehr an die Zeile erinnern, die gerade dran war. Doch anstatt dies zu überspielen, brach er den Song ab und sagte selbstbewusst in sein Mikrofon: »Jetzt hab ich grad mein' Text vergessen. Ich glaub, wir fangen nochmal an.«

Weil er aber so angesoffen war, musste er sich an seinem Mikrofonständer festhalten, denn er schwankte so, dass er fast nicht mehr stehen konnte. Er zählte ein, und die Nummer ging wieder von vorne los.

Ich war extrem angespannt, weil ich Angst hatte, dass er vornüber ins Publikum fallen könnte oder dass er wieder seinen Text vergisst. Die Textpassage kam unaufhaltsam näher und ich dachte in Panik: »Jetzt passiert's!« Aber siehe da, er erinnerte sich wieder an seinen Text und sang weiter, als ob zuvor nichts gewesen wäre. Irgendwo in der Mitte des Songs kam ein Part, in dem Jürgen ein Saxophon-Solo spielen sollte. Die Passage kam näher und näher, und ich dachte, wann nimmt er denn endlich sein Saxophon?
Ich schaute zu ihm hinüber und rief leise: »Jürgen, Sax-Solo!« Daraufhin brach er den Song erneut ab und lallte: »Du Micha, wo is'n mein Saxophon?«
Das Saxophon stand direkt vor ihm auf dem Saxophonständer, da, wo's immer steht. Es stand keine dreißig Zentimeter davon entfernt. Aber Jürgen war so hackeldicht, dass er es nicht mehr sehen konnte. Die Kombination aus zwei Flaschen »Junginger Cuvée« und den paar Flaschen Bier, die er bis dahin schon vernichtet hatte, schien eine umwerfende Wirkung zu haben.
Jürgen stand suchend vor seinem Saxophon und konnte es einfach nicht finden.
»Da stehts, genau vor dir, schau halt hin!«, schrie ich ihn an. Ich wäre vor Scham am liebsten im Bühnenboden versunken. Ausgerechnet jetzt, wo ich Onkel »CD« mal zeigen wollte, in welcher Spitzenband ich spiele und wie uns die Sympathien der Zuschauer nur so zufliegen, solch eine Blamage.
»Jetzt reicht's mir gleich, schau halt mal runter, da steht's doch«, schrie ich noch mal.
»Ah, da isses ja, komisch, dass ich das nicht gleich g'sehn hab«, maulte Jürgen vor sich hin und nahm sein Saxophon in die Hand. »Also spieln wir's halt noch mal«, lallte er ins Mikrophon.
Das Publikum war völlig begeistert von unserer Performance und brachte sein Entzücken johlend und brüllend zum Ausdruck.
Während Roald das Klavierintro spielte, ging ich zu Jürgen hinüber und zischte ihn an: »Reiß dich jetzt sofort zusammen, sonst pack ich ein und geh!«
»Brauchst keine Angst haben, Micha, ich pass jetzt auf.«
Gesagt, getan, der Anpfiff hatte Wirkung. Jürgen riss sich wirklich zusammen, und zumindest was seinen Gesang oder sein Spiel anbelangte, gab es im weiteren Verlauf des Konzerts keinerlei Beanstandungen mehr.

Anders war es allerdings mit seinen Moderationen. Aus irgendeinem Grund war er auf einmal so sauer, dass er sich zwischen den Stücken die Sponsoren vornahm. Die Herren Banker saßen mit den Honoratioren der Stadt Weingarten und ihrer weiblichen Begleitung auf der Tribüne, um von dort das Konzert zu verfolgen. Nachdem Jürgen sie dort ausgemacht hatte, ging's los: »Ich hab gerade gehört, dass die Herren von der Bank, die für diese beschissene Hallendeko verantwortlich sind, da oben auf der Tribüne sitzen. Ich möcht euch recht herzlich begrüßen und möcht euch fragen, welcher von euch für die Deko da herin verantwortlich is. Die Deko ist das Allerletzte, ein solche Geschmacklosigkeit. Wer von euch war denn des? Eigentlich ist mir das auch egal, denn wahrscheinlich seid's alle miteinand verantwortlich. Hätt ich mir ja gleich denken können. Aber da sieht man's wieder mal. Der Kapitalismus hat halt einfach keinen Geschmack. Kunst, meine Herrn, kann man mit Geld vielleicht kaufen, aber Geschmack nicht.«
Die Leute johlten vor Begeisterung, als Jürgen seine Salven gegen die versammelte Bankergilde abfeuerte. Einige der Tribünenbesucher aber verließen daraufhin konsterniert die Halle.
Wir beendeten das Konzert mehr schlecht als recht. Ich schämte mich fast zu Tode. Onkel »CD« kam hinter die Bühne, gratulierte mir zu dem großartigen Konzert und wippte dabei nervös von einem Fuß auf den anderen.
»Interessantes Konzert, wirklich sehr interessant. Das war ja wirklich mal was ganz anderes als Jazz«, sagte er grinsend.
»Ja, ja, hör bloß auf, das war die totale Katastrophe«, wiegelte ich ab.
»Nein, nein, ich fand's witzig, ehrlich!«, betonte er. Er spürte, dass die Luft in der Garderobe geladen war wie vor einem Sommergewitter, und machte sich unter irgendeinem Vorwand davon. Als er zur Tür hinaus war, ging ich zu Jürgen: »Jürgen, das war grad mein Onkel, der Onkel, der mich zur Musik gebracht hat. Das war heute für mich ein total wichtiger Abend. Jürgen, ich sag's dir nur einmal. Wenn du noch ein einziges Mal vor dem Konzert Alkohol trinkst, dann war's das. Dann steig ich ohne Vorwarnung aus der Band aus und du kannst allein weiterspielen!«
»Micha«, erwiderte Jürgen mit gedämpfter Stimme, »du hast völlig recht. Ich weiß, das war beschissen. Micha, ich versprech dir, das kommt nie mehr vor. Ab jetzt trink ich keinen Tropfen mehr vorm Konzert.«
»O.k.«, entgegnete ich, schon wieder halbwegs versöhnt. »Das ist ein Deal.«
»Ja«, gab Jürgen grinsend zurück, »aber nach'm Konzert, da darf ich aber schon!«
Bis heute hat Jürgen sein Wort gehalten. Beim nächsten Konzert war der Kasten Bier von der Bühne verschwunden, und Jürgen hat nie mehr einen Tropfen Alkohol angerührt. Zumindest nicht vor dem Konzert!

Dooolf!

Dolf Hartmann, kurz »Dolf« genannt, war der Haindling-Macher hinter den Kulissen. Nachdem er zusammen mit seinem Freund und Kollegen, K. P. Schleinitz, Jürgen Buchner entdeckt und das Haindling-Projekt aus der Taufe gehoben hatte, blieb der Job des Managers an ihm hängen. Dolf war ein in der deutschen Musiklandschaft bekannter und geschätzter Macher, der sich dadurch auszeichnete, genau das nicht zu tun, was »man« üblicherweise tun würde. Selbstverständlich spielte Dolf auf der Klaviatur der Musikindustrie in allen Tonarten, aber meistens doch eher in Dur als in Moll. Dolf verfügte über sehr gute Kontakte zur Presse und spielte dieses Ass immer wieder zugunsten von Jürgen Buchner aus. Innerhalb kürzester Zeit mutierte Jürgen von einem niederbayerischen NDW-Gewächs zu einem sehr respektierten Künstler, allerdings zu einem sehr unberechenbaren.

Dolf buchte Jürgen in Talkshows, in denen dieser sich dadurch auszeichnete, dass er entweder seine Gesprächskontrahenten mit seiner niederbayerischen Direktheit entwaffnete, oder indem er durch die Verweigerung eines jeglichen Kommentars jede Gesprächsrunde für sich entschied. Dolf war dabei derjenige, der sich geschickt im Hintergrund hielt, aber Jürgen die besten TV- und Pressetermine verschaffte und damit maßgeblich dazu beitrug, dass sich Jürgen zu einem der gefürchtetsten Interviewpartner entwickeln konnte. Da Dolf aber als Jürgens Manager für das Gesamtprojekt Haindling zuständig war, benutzten wir ihn gerne als »Mr. Fix it« und Troubleshooter. Wenn irgend etwas nicht klappte, das Hotelzimmer versifft war oder backstage das Catering nicht funktionierte, musste man nur aus Leibeskräften »Doooolf!!!« schreien, und fünf Minuten später war das Problem behoben.

Neben dem Management und der Pressearbeit buchte Dolf auch die Haindling-Konzerttermine und betätigte sich als Verleger, bevor er aus privaten Gründen seine Zusammenarbeit mit Jürgen beendete. Nach seiner Kooperation mit Haindling gelangen Dolf weitere Geniestreiche mit seinem Kunstprojekt HARTMANN*BABL, für das er nach der Einführung des Euro tonnenweise geschredderte DM-Banknoten erhielt. Diese verarbeitete er zu großformatigen Objekten und füllte sie anlässlich einer Ausstellung in einen unterirdischen Wasserspeicher, um vor der versammelten Presse wie Dagobert Duck genussvoll darin zu baden.

Lang scho nimma gsehn

1984 kam dann der große Durchbruch mit dem zweiten Haindling-Album »Stilles Potpourri«. Jürgen gelang mit diesem Album der ganz große Wurf. Er hatte eine Menge großartiger Songs komponiert und schon sehr viele Titel aufgenommen. »Moh mah du«, »Holzscheidl Rap« und »Du Depp« waren nur drei der insgesamt elf aufgenommenen Lieder. Alle diese Songs hatten erkennbares Hitpotential, und seine Mitproduzenten, Christian Eckert und Laurent Antony, waren mit dem Inhalt sehr zufrieden. Der »Flipper-Samba«, eine jazzige Soundcollage mit Flipper und Saxophon, das melancholische Instrumental »Stilles Potpourri« und das Hörspiel »Drei Hellseher«, mit dem Jürgen schon damals auf den kommenden Klimawechsel aufmerksam machte, rundeten das Album ab und gaben ihm eine große musikalische Bandbreite. Da es aber in der Branche ein ungeschriebenes Gesetz gab, nach dem ein Album mindestens zwölf Lieder enthalten musste, fehlte noch ein Song. Jürgen, Laurent und Christian hörten sich deshalb verschiedene Demos an, konnten aber nichts Passendes finden. Die drei wollten schon aufgeben, da spielte ihnen Jürgen ein letztes Lied vor, von dem er aber selbst nicht überzeugt war. »Ich hätt da noch eine Nummer. Ich glaub, dass die auch nix ist, aber ich spiel's euch mal vor.« Jürgen legte die Kassette ein. Das Lied begann mit einem rhythmischen Klavierintro, gefolgt von einem Kinderklavier – ein Kinderklavier in einem Popsong mit Sprachgesang, das war etwas völlig Neues. Jürgen ließ den Song bis zum ersten Refrain laufen und drückte dann unvermittelt die Stopptaste. »Gell, des is auch nix, so was kann ich nicht bringen«, sagte er.
»Ich weiß nicht«, überlegte Laurent. »Ich find die Nummer gar nicht so schlecht. Das Kinderklavier und dein Sprechgesang – das hat was.«
»Ich glaub, das nehmen wir einfach auf und bieten's der Plattenfirma an, dann sollen die entscheiden«, befand Christian.
Gesagt, getan. Die Nummer wurde unter dem Titel »Lang scho nimma gsehn« aufgenommen. Wider Erwarten begeisterten sich die Plattenmanager dafür, und der Song wurde von der Polydor als potenzieller »Nummer-eins-Hit« eingestuft und zur allerersten Singleauskopplung des Albums erkoren. Der Rest ist Geschichte.
Die Radiostationen sprachen in ganz Deutschland auf den Song hervorragend an, und die großartige Resonanz und die guten Abverkäufe hievten »Lang scho«, wie wir den Titel abkürzten, innerhalb von wenigen Wochen in die Top Ten der Deutschen Hitparade. Fernsehauftritte im regionalen und überregionalen Fernsehen ließen deshalb nicht lange auf sich warten.

Neben diversen Vorabend- und Abendprogrammen traten wir in Peter Illmanns Hit-Show »Formel Eins« und in Dieter Thomas Hecks »Hitparade« auf. »Formel Eins« war cool, denn damals reihten wir uns durch unseren Auftritt in dieser Sendung in die Riege der anderen Künstler der Neuen Deutschen Welle ein. Aber nicht nur Trio, Ideal, Peter Schilling und Gleichgesinnte traten in »Formel Eins« auf, sondern auch viele britische Künstler wie Nick Kershaw, Bryan Ferry oder Frankie Goes to Hollywood. Bei »Formel Eins« dabei zu sein war fantastisch und nach meiner Meinung unserem Können völlig angemessen.

Die Hitparade war da schon etwas anderes. Natürlich war die Sendung ein unglaublicher Multiplikator, aber eben auch ein zweischneidiges Schwert. Einerseits hatte Heck phänomenale Einschaltquoten und war somit ein Garant für weiteres gutes Radioairplay – und das füllte wiederum die Konzerthallen. Andererseits befand man sich in der Hitparade in Gesellschaft aller Vertreter des deutschen Schlagers, und die »Schlagerfuzzis« waren für uns so ziemlich das Letzte. Trotz alledem – ob »Nena«, »Ideal«, »Trio« oder sonst ein Vertreter der NDW – an Dieter Thomas Heck kam eben keiner vorbei. Auch wenn man noch so lauthals über die »Kommerzscheiße« der Hitparade und der Schlagermafia schimpfte und betonte, dass man sich nicht mit einem Rex Gildo, J. J. Anderson, Bata Illic, Bernhard Brink oder Bernd Klüver auf ein musikalisches Niveau begeben wollte – ein Gastspiel in der Hitparade war einfach unverzichtbar. Wenn Meister Heck rief, kam das einem kommerzmusikalischen Ritterschlag gleich, und wir waren schließlich alle käuflich.

So blieb es also nicht aus, dass wir mit »Lang scho nimma gsehn« unseren ersten Auftritt in der Hitparade hatten. Mit dem Flugzeug ging es nach Berlin, Executive Floor im Schweizerhof, nachts in die Hotelbar, die »Todeszelle« genannt wurde. Am folgenden Nachmittag Proben im Studio mit Horden promigeiler Autogrammjägerinnen – das war schon was. Diese Berliner Mädels waren, isoliert durch die Zone, so verrückt nach dem, was sie für die große Welt hielten, dass sie alles, was irgendwie nach »Icke bin keen Berliner« aussah, um Autogramme baten. Wir genossen es, im Rampenlicht zu stehen, und gaben mit gespielter Genervtheit Autogramme, bis die Finger wund waren. Dabei konnte es schon mal passieren, dass unsere Fahrer oder Betreuer ebenfalls um ein Autogramm angefleht wurden.

Unseren ersten Auftritt meisterten wir mit Bravour. Heck moderierte an, das Playback lief ab. Jürgen hämmerte auf dem Kinderklavier und schmachtete in die Kamera, so gut es ging. So lässig und easy wir »Lang scho« auch rüberbrachten, es half nichts. Nena und ihre Band, die mit »99 Luftballons« schon wochenlang die Nr. 1 der Charts belegten, räumten, wie schon in den Wochen zuvor, auch diesmal wieder den ersten Platz ab.

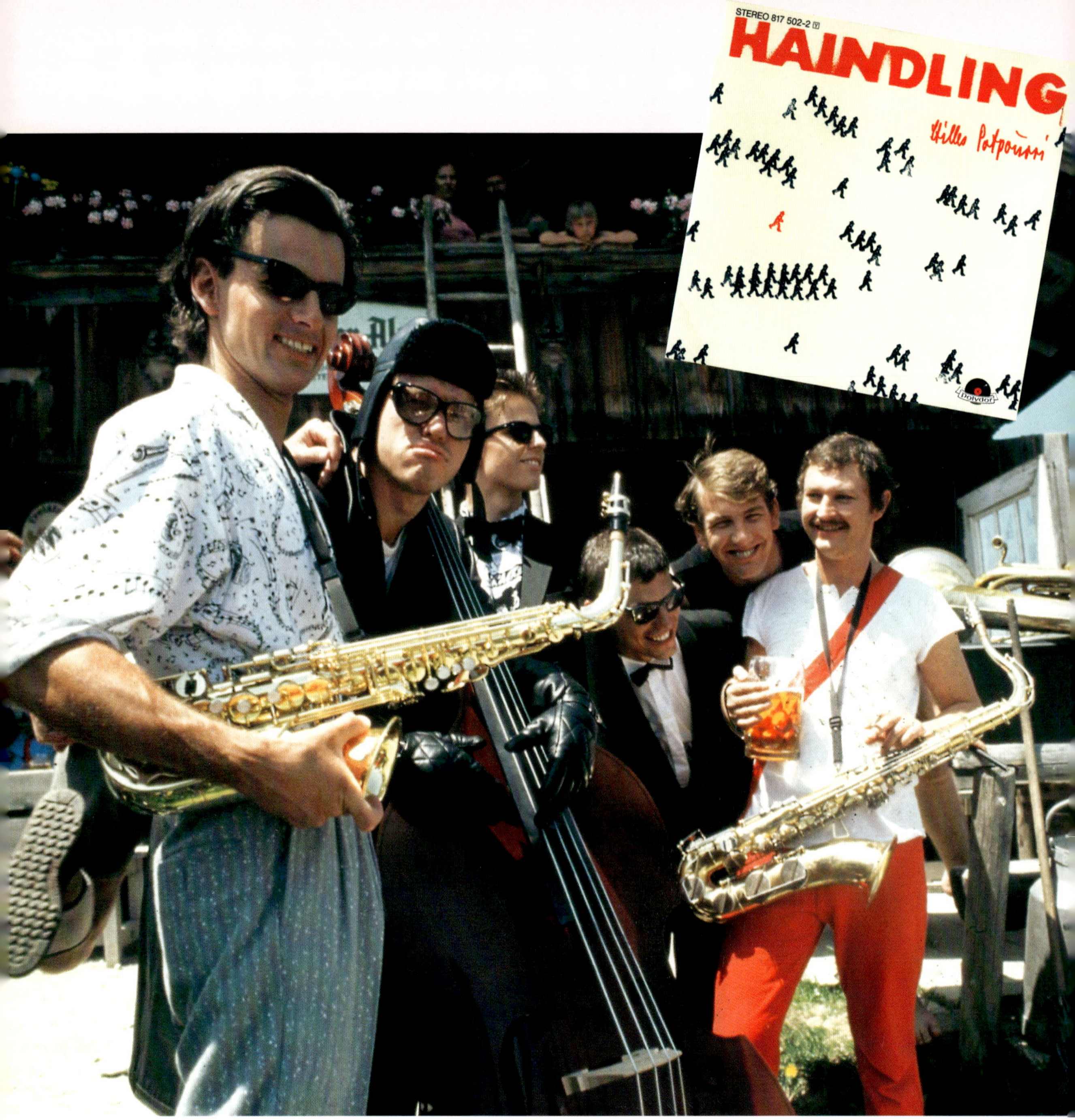
STEREO 817 502-2
HAINDLING
Stilles Potpourri
Polydor

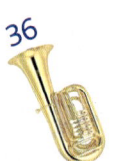

Macht nix, dachte ich, dabei sein ist alles. Wird dich in München schon die eine oder andere gesehen haben. Mal schaun, was so passiert.

Als ich am darauffolgenden Montag in der Früh zum Brötchenholen ging, stand ich in der Reihe am Tresen an. Plötzlich kam ein Typ in meinem Alter in die Bäckerei und pfiff fröhlich die Melodie von »Lang scho nimma gsehn« vor sich hin. »So, Brauni«, dachte ich, »jetzt hast du es geschafft. Wenn die Leute das Lied schon beim Bäcker pfeifen, dann bist du in einer Band, die einen Hit hat. Das wird sich auch bei den Mädels herumsprechen.«

Ich ging beschwingt zurück in meine Wohnung in der Neuhauser Gudrunstraße. Die Wohnanlage war ein Überbleibsel der Münchener Olympiade und glich einer überdimensionalen Legebatterie. Ein Konglomerat von Einzimmerwohnungen in unterschiedlichen Größen, aber alle mit Balkon. Einziger Lichtblick in meinem studentischen Wohnumfeld waren meine Flurnachbarn und mein Musikerkollege Micha Kunzi, der sich als Bassist der damals schon sehr erfolgreichen »Münchner Freiheit« das Penthouse leisten konnte. Micha war damals schon ein Riesentyp, der gerne – meist zur Nachtzeit – seine musikalische und sexuelle Kreativität lautstark unter Beweis stellte. Anders als ich ließ sich Micha Kunzi von den Drohungen und Protesten der Nachbarn ob der Lärmbelästigung nicht beeindrucken.

Am Nachmittag saß ich dann auf dem Balkon meines Wohnklos und bräunte meinen aerobicgestählten Körper in der warmen Sommersonne. Plötzlich hörte ich unter mir das Gekläff des neurotischen Yorkshire-Terriers meiner Nachbarin vom zweiten Stock. Die Dame, eine Österreicherin, war damals schon rund fünfzig Jahre alt, nur knapp über eineinhalb Meter groß, hatte blond gefärbtes, dauergewelltes Haar und arbeitete im Kaufhof am Rotkreuzplatz an der Kasse. Sie lebte direkt unter mir in dem 25 qm großen Apartment, zusammen mit ihrem Lebensgefährten. Er war Maler, der ihr, dem häufigen nächtlichem Lärm nach zu urteilen, nach dem Genuss einiger Bierchen gern mal »eine aufstrich«. Sie war schlichtweg der Typ von Frau, den sich jeder Künstler oder Intellektuelle in seiner Nachbarschaft unbedingt wünscht. Bei direktem Kontakt begegnete sie den Mitbewohnern mit gespielter Höflichkeit, aber kaum drehte man ihr den Rücken zu, ging das Gelästere los. Meine Nachbarin ließ auch keine Gelegenheit aus, ihre Freundinnen zu sich einzuladen und diese unter Abspielen von deutscher Schlagermusik auf ihrem Balkon zu bewirten. Da sie Schicht arbeitete, war sie zu unterschiedlichsten Zeiten auf ihrem Balkon, der Verlängerung ihres Wohnzimmers, zugange.

»Du, Renate«, fragte die Besucherin, »hast du am Samstag die Hitparade gsehn?«

»Jo kloar«, anwortete meine Nachbarin in breiter österreichischer Mundart, »du aa?«

»Ja sicher, ich schau mir d'Hitparade jedes mal an, zumindest wenn ich daheim bin.«

»I aa«, erwiderte die Österreicherin.

Jetzt wird's spannend«, dachte ich und war gespannt, ob sie der anderen gleich von ihrer prominenten Nachbarschaft erzählen würde. Ich war völlig elektrisiert.

»Host den netten Burschen gsehn, den mit dem scheenen Liadl? Woast, des oane Liadl, des hod mir so guat gfalln.«

»Welches denn«, fragte die Besucherin. »I waaß nimma, wie des heißt. Aber des war neu und so schee, so a scheene Melodie. Waaßt, des mit dem feschen Sänger, ganz a fescher Bursch.«

Fescher Bursch?, dachte ich. Na ja, wenn sie einen Sänger meinte, dann musste es Jürgen sein. Aber fesch? Na ja, schlecht sieht er sicherlich nicht aus, und Schönheit liegt ja bekanntlicherweise im Auge des Betrachters.

»Naa, waaßt, der Bursch, a ganz a fescher Bursch, wie haaßt er jetzt no amal? jetzt foid mas wieda ei. Der Vornamen war irgendwos mit J.«

Meine Spannung steigerte sich ins Unerträgliche. Hatte sie Jürgen und damit uns, d.h. ihren Nachbarn, im Fernsehen erkannt? Wusste sie nun endlich, wen sie permanent nötigte und beleidigte, wenn sie mal wieder »Ruhe« schrie, wenn ich Saxophon übte. Ich war sicher, dass meine Leiden an meiner Lebensgemeinschaft mit einer derart kunst verachtenden Mitbewohnerin ab heute ein Ende haben würden. Endlich Üben ohne schlechtes Gewissen. Keine Verbalattacken, keine Drohungen mit der Polizei und Beschwichtigungsversuche des Hausmeisters mehr. Denn es gab ja nur einen guten Song in der Hitparade, und das war »Lang scho« – und einen Sänger, dessen Vornamen mit »J« begann. Und Jürgen musste in ihren Augen auch äußerst fesch erscheinen, denn verglichen mit ihrem Lebensgefährten war ein wirklicher Beau.

»Jetzt waaßt, wie der heißt?«

»Naa, wie heißt er denn jetzt?«, fragte die Besucherin schon leicht entnervt.

»Des is da Dsche Dsche, waaßt, der Dsche Dsche Ändersen.«

Dsche Dsche Ändersen? J. J. Anderson! Frau Nachbarin erkannte die wandelnde Parkuhr, J. J. Anderson, den Inbegriff des schmachtfetzenden Schlagersängers. J. J. Anderson war für mich die Personifizierung des musikalischen Antichrist. Den erkannte sie, dem hörte sie zu, aber Haindling, ihren langjährigen Nachbarn, der Akkordeon spielend auf der Hitparaden-Bühne stand und heftig mit der Kamera flirtete, den erkannte sie nicht. Ihre dümmliche Ignoranz, ihre Unbildung, ihr fehlender Blick fürs Wesentliche machten mich so wütend, dass ich zum Hörer griff und unseren Bassisten Charlie anrief.

»Charlie, stell dir vor: Da sitzt die dämliche Kuh von Nachbarin, die Kassiererin, von der ich dir erzählt hab, am Samstag vor der Glotze, schaut Hitparade, und das Einzige, wovon sie gegenüber ihrer Freundin schwärmt, ist der bescheuerte J. J. Anderson. Die hat nicht einmal mitgekriegt, dass ihr Nachbar auch im Fernsehen war!«

»Micha, mach dir nix draus!«, beschwichtigte Charlie lässig. »Das ist eine, wenn die unseren Auftritt gesehen hätt, dann hätt sie ihrer Freundin wahrscheinlich von ihrem geilen Nachbarn erzählt, der über ihr wohnt, bei Haindling spielt, in der Hitparade war und den sie neulich Abend durchzogen hat. Aber wenn's nix von dir gesagt hat, dann hat's uns wahrscheinlich überhaupt nicht gesehen. Wahrscheinlich war's bei unserem Auftritt grad am Klo!«

Charlies Antwort war Balsam für meine verletzte Künstlerseele. Er hatte recht. Nicht vorzustellen, was passiert wäre, wenn sie mich im Fernsehen entdeckt und vor ihren Freundinnen mit ihrer prominenten Nachbarschaft – oder Schlimmerem – geprahlt hätte. Ich hätte vor lauter Scham sofort meine Wohnung verlassen müssen. Von diesem Moment an war mir klar: »Lang scho nimma gsehn« ist manchmal gar nicht so schlecht.

Du Heck, du Depp, du depperter Heck du

Unsere Single, »Du Depp«, schlug 1984 in die deutsche Radiolandschaft wie eine Bombe ein, und es dauerte nicht lange, bis sie Ende des Jahres in die Charts kam. Wie viele andere Vertreter der »Neuen Deutschen Welle«, hatten wir durch »Du Depp« wieder einmal die »Ehre«, in der Hitparade auftreten zu dürfen.

Mit »Lang scho nimma gsehn« waren wir schon kurz nach dem Erscheinen unseres zweiten Albums »Stilles Potpourri« in die Charts und dadurch in die Hitparade gekommen, aber dass

»Du Depp« es schaffen würde, das fanden wir angesichts des aus unserer Sicht nicht sehr kommerziellen Textes ziemlich genial. Dazu kam, dass Jürgen damals völlig auf Nena abfuhr und sie unbedingt wieder treffen wollte, nachdem er sie schon bei unserem ersten Hitparadenauftritt etwas näher kennengelernt hatte. Nena war damals mit »99 Luftballons« und wir mit »Lang scho nimma gsehn« in den Charts, wobei Nena Nummer eins war und wir halt eben »nur« Nummer irgendwas – aber »dabei sein war alles«.

Nena war zu dieser Zeit fester Bestandteil der »Hitparade«, und es gab praktisch keine Sendung, in der sie nicht dabei war. Ich hatte damals den Eindruck, dass Nena und ihre Band im Hitparadenstudio einen Zweitwohnsitz hatten.

Die Proben zur Sendung, gekrönt von der »Durchlaufprobe«, waren immer sehr nervig, weil man zwar im Studio sein musste, oft aber stundenlang auf seinen Auftritt wartete. Dies führte nicht selten zum Zeitvertreib durch exzessive Gelage in der Studiokantine, bei denen man oft mit anderen Kollegen zusammentraf und sich gegenseitig auf die Schulter klopfte. Bei einer dieser Wartesessions traf Jürgen mit Nena zusammen und baggerte sie mit seinem unvergleichlichen niederbayerischen Charme an:

»Mei, Nena, ich find dich so sauber!« So oder so ähnlich jedenfalls eröffnete Jürgen sein Gespräch.

Nena, die damals d e r deutsche Star schlechthin war, konnte mit Jürgens Charmeattacke nichts Rechtes anfangen und herrschte ihn an: »Eh, wat willste eigentlich von mir, lass mich doch in Ruhe mit deiner komischen bayerischen Musi!«

»Weißt, was ich dir sag«, entgegnete Jürgen trocken. »Das kann schon sein, dass meine bayerische Musi komisch is, aber meine Musi werden sich die Leut noch anhören, wenn dich schon lang keiner mehr hören will.«

Jürgen, der oft eine prophetische Gabe hat, lag mit seiner Weissagung in diesem Fall freilich nur bedingt richtig, denn Nena verschwand zwar Ende 1987 für einige Jahre von der musikalischen Bildfläche, hatte aber 2002 ein fulminantes Comeback, das bis heute andauert.

Ich nehme an, dass Jürgen die barsche Abfuhr, die er sich bei Nena geholt hatte, zum Anlass nahm, ihr und allen anderen mal zu zeigen, »wo der Bartel den Most holt«. Die Auftritte in der Hitparade waren damals »live«, zumindest was den Gesang betraf. Als Sänger konnte man sich deshalb um Kopf und Kragen singen, falls man falsch sang, den Text vergaß oder gar verdrehte; denn alles, was zum Mund herauskam, ging ungefiltert ins Ohr des Zuschauers hinein. »Versinger« oder »Blackouts« waren in Livesendungen immer mal wieder vorgekommen, aber was Jürgen sich leistete, hatte es in der Geschichte der Hitparade zuvor noch nie gegeben.

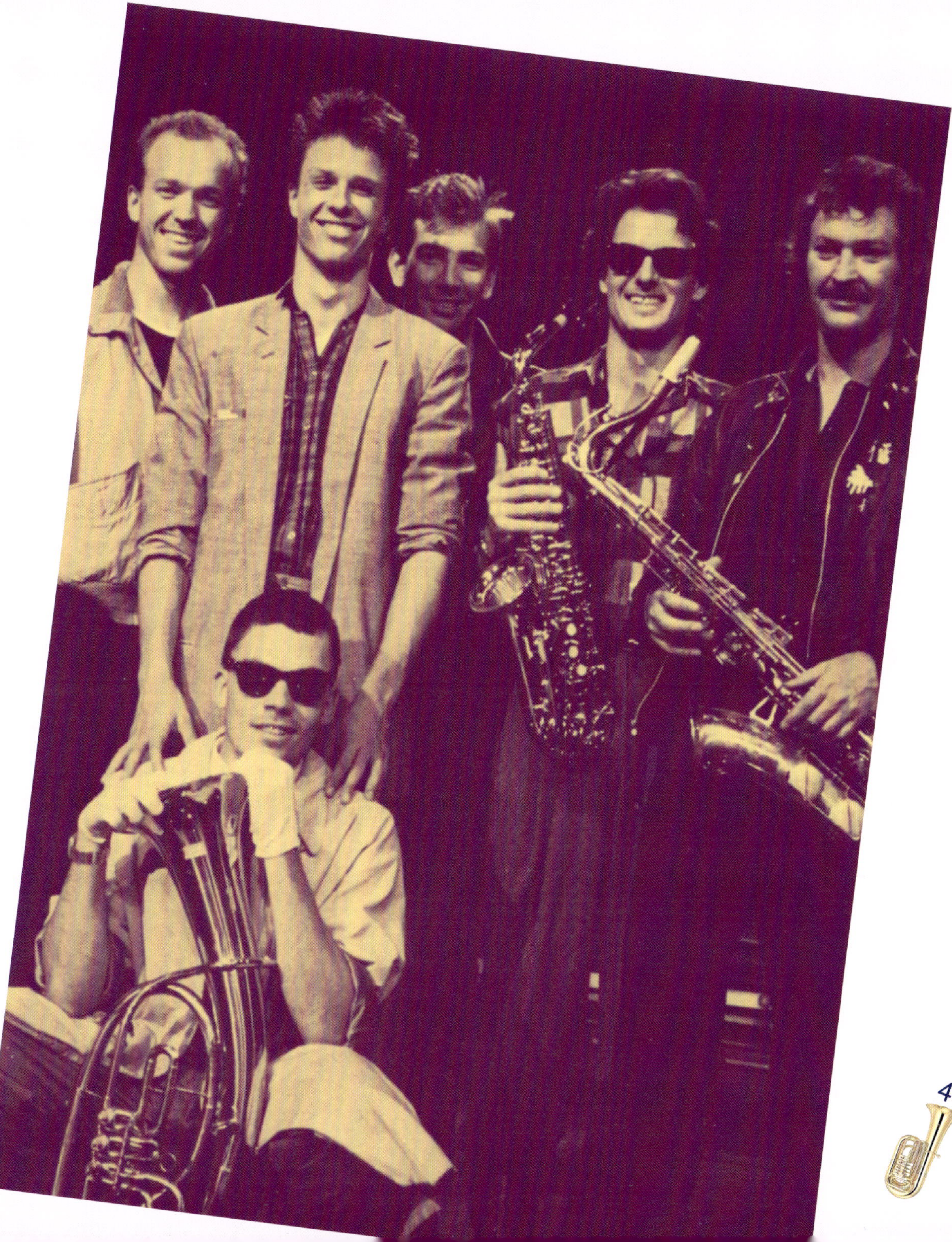

Die Sendung lief, und wir gingen auf Startposition. Dieter Thomas Heck moderierte uns an, das Band lief ab, Jürgen grinste in die Kamera, Heck schrie: »Haindling mit ›Du Depp‹«, und Jürgen sang:

> *Du Depp, du Heck, du Depp, du depperter Heck du!*
> *Du depperter Heck, du Depp, du schau di doch o!*
> *Du Depp, du Heck, du Depp, du depperter Heck du,*
> *Du depperter Heck, du Depp, du schau di doch o!«*
> *Fo weidm ko ma scho erkenna, da kimmt a Depp daher,*
> *fo weidm scho siagt a jeda Depp, ouh, des is da Heck,*
> *Fo weidm ko ma scho erkenna, da kimmt da Heck daher,*
> *fo weidm scho siagt a jeda Depp, da Heck, des is a Depp,*
> *Du Depp, du Heck, du Depp, du depperter Heck du,*
> *Du depperter Heck, du Depp, du schau di doch o!*
> *Du Depp, du Heck, du Depp, du depperter Heck du,*
> *Du depperter Heck, du Depp, du schau di doch o!*

Mir fiel fast das Saxophon aus der Hand, als ich den Text hörte, und ich dachte, dass die Sendung jede Sekunde abgebrochen werden würde. Bei einer Aufzeichnung hätte dies auch durchaus passieren können, aber diese Sendung war eben live. Die Kameramänner grinsten breit, wir Musiker lachten uns einen Ast, und das Publikum johlte begeistert. Jürgen zog den auf Dieter Thomas Heck umgemünzten Text durch. Als das Lied zu Ende war, gab's tosenden Beifall vom Publikum.

»Jawoll, meine Damen und Herren, das war Haindling, das ist die Hitparade, und das ist Livemusik in der Deutschen Hitparade«, rief Dieter Thomas Heck euphorisch in sein Mikrofon und vermittelte dabei einen völlig ekstatischen Eindruck. Man kann über diesen Moderator sagen, was man will, aber der Mann war und ist einfach ein absoluter Profi. Ich glaube, er hätte sich auch nicht durch übelste Beschimpfungen aus seinem Konzept bringen lassen.

Jürgen hatte jedenfalls die Lacher auf seiner Seite, und alles sprach über diesen Auftritt. Die Presse weidete die Geschichte aus, ein Boulevardblatt titelte »Heck verhöhnt« und einige Zeitschriften widmeten dieser Episode einen Artikel. Wenn auch wahrscheinlich mit völlig anderer Absicht, so hatte Jürgen einen unglaublichen PR-Coup gelandet. Trotzdem hat es noch Jahre gedauert, bis er Nenas Herz für seine Musik gewinnen konnte.

In der Schaubude

Nachdem das zweite Haindling-Album »Stilles Potpurri« nach dem großen Erfolg der Single »Lang scho nimma gsehn« wochenlang ganz oben in den Charts war, hatten wir im Herbst 1984 mit »Du Depp« also einen weiteren Hit. Wir waren gerade auf Herbsttournee, als unsere damalige Plattenfirma, Polydor, anrief und mitteilte, dass wir einen TV-Promotionauftritt in der »Schaubude« hätten. Die »Aktuelle Schaubude« war ein beliebtes Nachmittagsjournal des NDR Hamburg, das von Carlo von Tiedemann moderiert wurde. Tiedemann war ein in Norddeutschland sehr bekannter Moderator, der nicht nur wegen seiner zahlreichen Sendungen, sondern vor allem auch wegen seiner Kokain- und Alkoholexzesse immer wieder Schlagzeilen machte.
Die Promotionabteilung der Polydor wollte, dass wir am Nachmittag zur Probe ins TV-Studio kamen und sofort nach unserem Auftritt wieder abreisten, da wir am Abend ja in irgendeiner

Mit der Scheißbühne, da kannst mich am Arsch lecken!

anderen Stadt ein Konzert hatten. Wir flogen also nach Hamburg und kamen einigermaßen gestresst auf dem Gelände des NDR an. Der Portier wies unserem Fahrer den Weg, und wir stiegen, übermüdet von der letzten Nacht und der Reise, aus dem VW-Bus aus.

Jürgen und ich gingen nebeneinander ins Studio, in dem die »Schaubude« aufgezeichnet werden sollte. Jeder von uns trug sein Saxophon sowie einen »Gigkoffer« mit unseren Bühnenklamotten. Als wir durch das große Eisentor ins Dunkel des Studios eintauchten, sahen wir am hinteren Ende des Studios eine Bühne. Den Hintergrund bildete eine riesige Leinwand mit der weißblauen bayerischen Raute. Links und rechts der Bühne stand jeweils ein mannsgroßer Maßkrug mit Schaumkrone.

Als Jürgen die Bühne sah, blieb er wie vom Schlag getroffen stehen, knallte Saxophon und Gigkoffer auf den Boden und sagte: »Komisch, wenn wir in Norddeutschland spielen, sind immer Maßkrüg als Deko da. Na, Micha, weißt', was ich dir sag: Mit der Scheißbühne, da kannst mich am Arsch lecken. Auf so einer Bühne spiel ich nicht!«

Ich schaute mir die Bühne noch mal genauer an und musste ihm recht geben. Die Deko war Bayernklischee auf geschmacklosestem Niveau. Während wir ratlos vor der Bühne standen, bemerkten wir auf einmal Carlo von Tiedemann, der mit der Aufnahmeleiterin auf den Publikumsrängen stand und uns beobachtete. Carlo merkte nicht, dass sein Raummikrofon angeschaltet war, und sagte zu ihr: »Wat sind dat denn für Waldschrattn, deren Zukunft is ja jetzt schon Vergangenheit.«

Carlo wusste nicht, dass wir ihn sehr gut hören konnten, und schickte die Aufnahmeleiterin zu uns herunter, um mal nachzusehen, was da los war. Die Dame kam forschen Schrittes auf uns zu und setzte sich mit herablassendem Blick in Szene: »Guten Tach, meine Härrn, ich bin Marion Müller, die Aufnahmeleiterin. Was is'n das Problem?«

Zusätzlich motiviert durch den arroganten Kommentar Carlo von Tiedemanns wandte sich Jürgen ihr zu und blaffte sie in breitem Bayerisch an: »Du, woaßt, was dir i sag. Mit der g'schissenen Bühne kannst mi fei am Arsch leckn! Auf so einer Bühne spiel i ned!«

Frau Müller war völlig überrumpelt von Jürgens Direktheit und entgegnete empört: »Momang, Momang, ich weiß überhaupt nich, warum Sie mich duzen. Ich kann mich nich dran erinnern, dass wir mal zusammen Schweine gehütet hättn!«

Darauf Jürgen: »Jo, weißt es nimmer? I war der Hirt, und du warst d'Sau!«

Von einer derartigen Schlagfertigkeit überrascht, räumte Frau Müller das Feld und entschwand in Richtung Regie. Keine Minute später kam ein sehr freundlich dreinschauender, kleinerer Mann

auf uns zu. Irgendwie kam mir sein Gesicht bekannt vor, und auf einmal fiel's mir ein. Es war Jürgen Roland, der Regisseur der Kult-Krimiserie »Stahlnetz«, und ich wunderte mich, dass ein so legendärer Regisseur eine solche Sendung machen musste.
»Hallo Jungs«, begrüßte er uns freundlich. »Ich bin der Jürgen, was is denn euer Problem?«
»Grüß dich, Jürgen, ich bin auch der Jürgen«, antwortete Jürgen Buchner erfreut. »Also weißt, auf der Bühne mit dieser furchtbaren Bayerndeko, da mag ich nicht spielen, das ist für mich absolut unzumutbar.«
Jürgen Roland musterte mit verschmitztem Lächeln die Bühne und sagte: »Das kann ich absolut verstehen. Ich glaube, da müssen wir was machen.«
Er rief die Frau Müller, die beleidigte Aufnahmeleiterin, zu sich. Zwanzig Minuten später waren die Bierkrüge und die bayerische Raute verschwunden, und die Sendung konnte stattfinden.

Spinni

1985, rund ein Jahr nach dem grandiosen Erfolg von »Stilles Potpourri«, erschien das Album »Spinni«. Es war ein eher durchschnittliches Produkt, das allerdings mit dem gleichnamigen Titelsong einen zumindest kleinen Hit hatte. »Spinni, oder bin i jetzt im Himmi« war eine der Textzeilen, die sich unter den Haindling-Fans als Bonmot etablierte. »Spinni, oder bin i jetzt im Himmi, des ja oana vo die Schweindlings«, begrüßte mich stets Karin, die Garderobiere in der juristischen Fakultät der Münchner Universität, wenn ich mal wieder den Weg dorthin gefunden hatte. »Spinni« war für mich die größte spielerische Herausforderung der damaligen Liveauftritte. Da der Song in der Studioversion für die Bühne nicht taugte, beschlossen wir, ihn für den Liveauftritt durch ein Saxophon-Solo im Mittelteil zu verlängern.
Mit Saxophon-Soli bei Haindling-Stücken ist es wie beim Sex. Entweder man kann auf die Nummer und die Post geht ab, oder man kann eben nicht und es läuft nicht. Bei »Spinni« lief's für mich jedenfalls nicht. Ich konnte auf die Nummer überhaupt nicht.
»Jürgen, ich kann das Saxophon-Solo bei ›Spinni‹ nicht spielen, ich mag's auslassen«, flehte ich ihn an.
»Wieso?«, raunzte er zurück.
»Weil ich's einfach nicht kann.«
»Doch, das kannst du schon! Spiel einfach was du willst, aber zieh dein ›Muskeltieschört‹ an.«

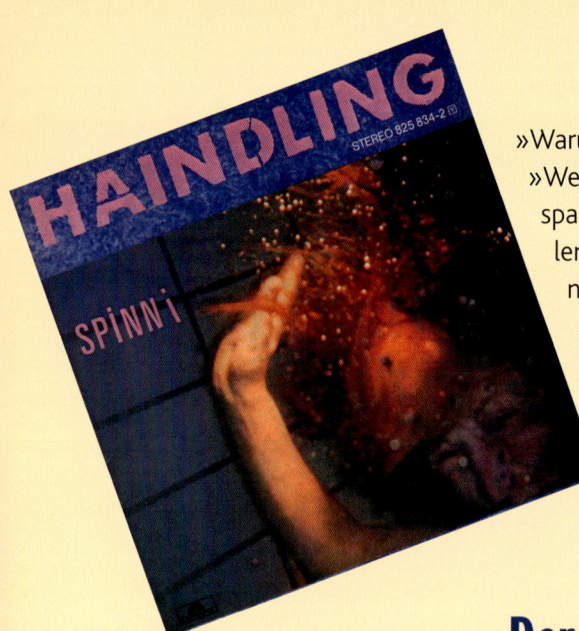

»Warum denn mein Muscle-Shirt?«, fragte ich indigniert.
»Weil, wenns d' nimmer weißt, was du spielen sollst, dann spannst einfach deine Muskeln an, dann sind d' Leut so abgelenkt, dass sie nur noch auf deine Muskeln schauen und nimmer merken, was für einen Schmarrn du zusammenspielst.«
O.k., dachte ich, das macht Sinn, und fortan verstand ich, warum sich Tina Tuner einen Saxophonisten nahm, der aussah wie Arnold Schwarzenegger in »Conan der Barbar«.

Der Haindling-Sound

Jürgen hat von Anfang an mit Haindling einen unverwechelbaren Sound geschaffen, der in der Welt einzigartig ist. Ähnlich wie vor vielen Jahren Herb Albert mit seinen »Tijuana Brass« oder Bert Kaempfert, stellt der Haindling-Sound eine eigene musikalische Klangmarke dar. Dabei setzte sich der typische Haindling-Sound zunächst aus der Kombination von Saxophonen und traditionellen Blechblasinstrumenten wie Tenorhorn oder Tuba mit modernen Synthesizer-, Sampler- oder Klaviersounds zusammen. Stilistisch bot und bietet Haindling eine Kombination der verschiedensten Musikstile und -richtungen wie Jazz, Pop, Rock, Punk, Klassik, was dazu führt, dass die Band eigentlich nicht eingeordnet werden kann. Haindling ist eben Haindling, und es gibt nichts, was damit vergleichbar ist. Vielleicht ist diese Tatsache das Geheimnis dafür, dass Haindling seit mehr als einem Vierteljahrhundert funktioniert und Haindling live von Jahr zu Jahr mehr Konzertbesucher in seinen Bann zieht. Dabei ist es eine Sache, Haindling im Radio, von der Schallplatte oder auf CD zu hören, eine ganz andere Sache und Erfahrung sind aber die Haindling-Livekonzerte.
Im Lauf der Jahre entwickelte sich der Sound immer weiter, denn Jürgen experimentierte mit Instrumenten aus aller Herren Länder. Es gab nichts, was Jürgen – als Sammler von Musik- und Percussioninstrumenten – nicht mit dem klassischen Haindling-Sound verband. Oftmals stehen bei dieser Band mehr als dreißig verschiedene Instrumente auf der Bühne, obwohl nur sechs

Musiker vorhanden sind. Ich selbst zähle bei manchen Shows mehr als zehn Instrumente, die ich während eines Konzertes spiele, und häufig wechsle ich während eines Stückes zwischen zwei oder drei Instrumenten verschiedenster Gruppen.
Neben den verschiedenen Saxophonen, Tenor- und Baritonhörnern, den Keyboards und Saiteninstrumenten wie Gitarre, Bass, Mandoline, finden Jemben, Bongos, Tschinellen, chinesische Klangbecken und Gongs, tibetanische Tempelhörner, Alphörner, Oboen, Klarinetten, singende Sägen, Trompeten und Flügelhörner, Klanghölzer und Klangkästen, Magellanorchester und unzählige Percussioninstrumente Verwendung bei der Haindling-Musik. Ich habe nie eine andere Band kennengelernt, die mit »nur« sechs Mitgliedern so viele Instrumente in den Konzerten benutzt.

In der Tonhalle

Irgendwann auf der »Spinni«-Tour hatten wir einen Auftritt in der Düsseldorfer »Tonhalle«. Dieser an der Rheinallee gelegene Bau ist ein Konzerttempel erster Kategorie, praktisch die Carnegie Hall am Rhein, ein Meisterwerk der akustischen Architektur. Die Konzerthalle wurde von einem Architekten entworfen, der bei seinen Planungen offensichtlich nur die Bedürfnisse der klassischen Musik im Auge hatte und sich vielleicht gar nicht vorstellen konnte, dass eines Tages Anhänger der U-Musik seinen hehren Kulturtempel stürmen könnten. Nun zählte und zählt Haindling sicherlich eher zur »E-« als zur reinen »U-Musik«. Das »A« und »O« der Tonhalle ist jedenfalls die unglaubliche Akustik. Man konnte selbst noch in der letzten Reihe der Halle die berühmte Stecknadel auf den Bühnenboden fallen hören. Jeder auch noch so leise Ton wurde bis ins letzte Rund dieses kreisförmigen Musentempels getragen – eine ideale Voraussetzung für ein Haindling-Konzert!
Beim Soundcheck fiel uns schon auf, dass die Halle ungeheuer lautstärkeempfindlich war. »Hey Percy«, raunzte Jürgen beim Soundcheck in sein Gesangsmikro, »die Akustik da drin is irgendwie komisch, irgendwie kimmt ma des so anders vor.«
»Mach dir keine Gedanken, Jürgen«, beschwichtigte unser Toningenieur Percy Rönnberg. »Sobald das Publikum drin und die Halle voll ist, wird der Sound völlig trocken und gedämpft. Ich glaub, das ist kein Problem.«

Wir wussten, dass die Tonhalle von kunst- und musikbeflissenen Rheinländern frequentiert wurde, von denen viele Konzertabonnenten waren. Haindling wurden in der Abowerbung als d a s bayerische Kulturereignis angepriesen: »Jazzige Weltmusik, gemischt mit Elementen klassischer Musik und niederbayerischer Hinterfotzigkeit.« So oder so ähnlich stand es in der Programmankündigung zu lesen.

»Die Hütte wird wahrscheinlich brechend voll«, sagte Dolf. »Da sind heute auch viele Abonnenten da, ich glaube, das wird ein spannender Abend.«

»Geil«, dachte ich, »wir spielen in D-dorf, der Stadt, in der ich 1978 nach meiner Flucht vor dem Pharmaziestudium bei Rainer Kürvers Eltern Asyl gefunden hatte und fünfte Trompete in der Klaus-Esser-Big-Band hatte spielen dürfen. Ich hatte all die Mädels, die mich damals von der Bettkante gestoßen hatten, ins Konzert eingeladen, um denen mal zu zeigen, was ihnen damals entgangen ist. Die Tonhalle brechend voll – das mussten ungefähr zweitausend Zuschauer sein. Zweitausend Zuschauer, darvon hätten die Jazzfuzzis von der Klaus-Esser-Big-Band in ihren kühnsten Fantasien nicht geträumt. Und die Mädels würden endlich mal sehen, »wo der Bartel den Most holt«.

Nach dem Soundcheck gingen wir essen und kamen rund 45 Minuten vor Showtime in die Halle zurück. Ich schlich auf die Bühne, um zu schauen, wie viele Leute schon da waren. Ich schob den Vorhang etwas zur Seite und spähte in den halbdunklen Raum. Vor mir saßen zwei Pärchen in der ersten Reihe, dahinter nochmals etwa zehn Leute, und ganz hinten am Eingang schlichen mehrere Gestalten durch die Reihen, um ihre Platznummern zu finden.

»Das wird schon«, dachte ich, »es sind ja noch gute vierzig Minuten bis zur Showtime. Die Mädels werden sicherlich auch bald kommen.« Ich hatte Karina, Michaela und Corinna rechtzeitig Bescheid gegeben, und wie in D-dorf so üblich, bekam ich keine Antwort, was hieß, dass man kommen würde.

Ich ging also in meine Garderobe, machte meine 75 Liegestütze, um meinen Bizeps auf mein »Spinni«-Saxophon-Solo vorzubereiten, zog mein Muscle-Shirt an und gelte mir die Haare.

»Noch fünf Minuten«, rief Dolf in meine Garderobe. »Mach dich bitte fertig.«

Ich zog mir die Schuhe an und traf mich mit der Band zum »Auren«. Das »Auren« ist das Gesangsritual kurz vor dem Auftritt, bei dem sich alle Bandmitglieder im Kreis aufstellen und mit verschiedenen »Oms« und sonstigen Urlauten ihre einzelnen Auren zu einer »Gesamtaura« verschmelzen. Dies stellt jeden auf die Harmonie des anderen ein und garantiert das bestmögliche Miteinander beim Konzert – glauben wir zumindest.

Der Veranstalter ging auf die Bühne vor den Vorhang und pries Haindling als die größte kulturelle Errungenschaft Bayerns seit dem Schuhplattler an. Aus dem Publikum war nur vereinzeltes Klatschen zu hören, was für mich der Beweis dafür war, dass die Halle nicht diesen Laberer, sondern endlich uns hören wollte. Wir gingen also auf Position, Roald spielte sein Keyboardlayer von »Weite Welt«, und der Vorhang ging auf. Als das Bühnenlicht den Saal ausleuchtete, fiel mir fast das Tenorhorn aus der Hand. Vor uns saß ein versprengtes Grüppchen von maximal fünf Dutzend Besuchern. Zwanzig zahlende Besucher und vierzig Abonnenten, wie ich nach der Show erfahren sollte.

Wir versuchten unsere Enttäuschung über den mageren Besuch zu vertuschen und spielten, so gut wir konnten. Meine Mädels waren auch nicht da, und selbst meine Musikerkollegen von der Klaus-Esser-Big-Band waren im Publikum nicht auszumachen. Wir spielten nach »Weite Welt« wie gewohnt »Achtung Achtung«, aber selbst Jürgens Textpassage »Wer ist einsam, wer ist allein« rief keinerlei Reaktion im Publikum hervor.

Dass in dem Laden keine Stimmung aufkam, war nicht nur der geringen Anzahl der Besucher zuzuschreiben, sondern in erster Linie der völligen Überforderung der Konzertabonnenten. Dem eher gesetzten Publikum stand das Entsetzen geradezu in die Gesichter geschrieben, als Jürgen beim Holzscheidl Rap ins Mikrofon plärrte:

Da Eisiedl von Bogn hod Holzscheidl klom
und hod sich an Schifing in Oarsch einezogn,
da Mesna von Greiling, der greizbrave Moh,
der hod eahm den Schifing vom Oarsch ausse do.

Dabei tanzten Roald und Charlie miteinander auf der Bühne, und Charlie mimte den kopulierenden Faun, der es Roald von hinten besorgte.

Holzscheidl klom, Schifing eizogn,
Johoduleji,
Holzscheidl klom, Schifing eizogn,
Rak tak taka,
Holzscheidl klom, Schifing eizogn,
Johoduleji,
Holzscheidl klom, Schifing eizogn!

Jürgen rappte, Charlie gab den Faun, und Roald kreiste mit seinen schmalen Hüften im Takt zu Peters martialischem Beat. Der Saal zitterte unter dem Getöse des vor sich hin stampfenden »Holzscheidl Raps«, und wir spielten uns in die totale Ekstase. Rainer, der einzige Düsseldorfer in der Band, stand hinter seinem Keyboard-Stack, versteckte sich vor Friends & Family hinter seiner schwarzen Ray Ban und gab den Ray Charles. Es war der völlige Wahnsinn. Wir waren derart gut drauf, dass wir kurz vor dem Abheben waren. Aufgrund der mangelnden Zuschauer blieb die erhoffte Schalldämmung in der Halle aus. Eigentlich hätten wir ohne Verstärker und PA-Anlage (Public Address System) spielen können. Aber da das Zeug halt schon mal da war und Percy sich große Mühe mit dem Aufbau seiner PA gegeben hatte, wollte er sie auch benutzen. Der Lärm in der Halle war infernalisch. Wagners Walkürenritt mit den Berliner Philharmonikern hätte gegen die Lautstärke des »Holzscheidl Raps« sanft wie ein Wiegenlied geklungen.

Das Stück war gerade zu Ende, der Applaus noch nicht verhallt, als eine männliche Stimme vorwurfsvoll »Leiser!« rief.

»Was«, schrie Jürgen von der Bühne ins Dunkel des Saales.

»Leiser, bitte«, rief es aus dem Publikum wieder zurück.

»Lauter bitte, Ich kann Sie ned verstehn«, plärrte Jürgen wieder zurück.

»Machen Sie doch bitte die Musik leiser«, rief es nun mit verärgertem Unterton auf die Bühne hinauf. Der arme Mann saß direkt vor unseren Boxen, und obwohl genügend Platz in der Mitte des Saales gewesen wäre, traute er sich offensichtlich nicht, den ihm per Eintrittskarte zugewiesenen Platz gegen einen akustisch günstigeren einzutauschen.

»Leiser?«, fragte Jürgen, »wolln Sie's leiser?«

»Ja, so machen Se doch bitte ein bisschen leiser«, krähte die Stimme zurück. »Percy, hast es g'hört. Der Herr will's leiser!«

Jürgen machte sich einen Spaß aus dem Anliegen des Herrn, der bestimmt einer der Abonnenten war. »Ja, glauben Sie vielleicht, wir bringen die ganze Anlage da herinnen umsonst von Bayern bis auf Düsseldorf? Nein, wenn wir die Anlage schon mal dabei haben, dann wollen wir sie auch benutzen«, blaffte Jürgen von der Bühne runter. »Percy, mach lauter!«

Jürgen machte sich eine Riesengaudi aus der Situation, meinte aber seine Aufforderung an Percy, die Verstärker aufzudrehen, nicht ernst, sondern wollte den lärmgeplagten Besucher nur ins Bockshorn jagen. Percy fasste dies aber offensichtlich ganz anders auf, und von irgendwo aus dem Hintergrund war sein schallendes Gelächter zu hören.

»O.k., Jürgen, wird gemacht!«, rief Percy von hinten. Die nächste Nummer war »Spinni«, und ich hatte noch nicht einmal mit meinem Saxophon-Solo begonnen, da standen im Publikum diverse Menschen auf und verließen hastig den Saal. Kaum war das Stück fertig, sprang Jürgen von der Bühne und rannte den Mittelgang zwischen den Sitzreihen hinunter. Plötzlich blieb er vor zwei Damen im langen schwarzen Abendkleid stehen. Diese waren unschwer als Konzertabonnentinnen auszumachen.

»Ja, Kruzifix noch einmal, was ist denn da los da herinnen, wie seid's denn ihr drauf?«, herrschte Jürgen die beiden sichtlich eingeschüchterten Damen an. »Könnt's ihr gescheit mitmachen? Jetzt steht's einmal auf und macht's mit«, befahl Jürgen in barschem Ton.

Die beiden allerdings verstanden nicht, dass Jürgen eigentlich Spaß machte, und starrten ihn an, als ob ihnen der Leibhaftige erschienen wäre. Sie standen völlig verunsichert auf, tuschelten miteinander, schienen eine Weile unentschlossen und verließen dann wie auf Kommando fluchtartig den Saal.

Im Laufe des Konzertes schafften wir es tatsächlich, die Zahl der Zuhörer von sechzig auf weniger als zwanzig zu reduzieren. Wir hatten zuvor schon im »Red Rooster« in Sindelfingen vor fünf Zuhörern gespielt, aber das Publikum um zwei Drittel zu dezimieren, war in der Geschichte von Haindling eine bis heute unerreichte Leistung.

Jahre später besuchte mich ein Filmproduzent, den ich bis dato noch nicht kannte, in meiner Münchener Anwaltskanzlei. Als ich in mein Besprechungszimmer trat, wo er auf mich wartete, schaute er mich mit großen Augen an und fragte: »Sagen Sie mal, Herr Braun, Sie kenn ich doch. Sind Sie nicht Saxophonist bei der Gruppe Haindling?«

»Ja, das bin ich«, entgegnete ich überrascht. »Waren Sie denn schon mal bei einem unserer Konzerte?«

»Das kann man wohl sagen«, entgegnete er. »Ich war einer der wenigen, die Ihr Konzert in der Düsseldorfer Tonhalle ausgehalten haben. Ich werde nie vergessen, wie der Buchner den Sound hat aufdrehen lassen. Mir haben noch drei Tage danach die Ohren gepfiffen!«

»Ja, ja«, sagte ich kleinlaut, »das war schlimm.«

»Nee, das war nicht schlimm, das war völlig geil. Das war das geilste Konzert, das ich in meinem Leben gehört habe. Sagen Sie mal, wann spielen Sie wieder?«

Meuterei

Nachdem die Polydor mit »Haindling 1«, »Stilles Potpourri« und »Spinni« drei Studioalben veröffentlicht hatte, stand das erste Haindling-Livealbum an. Dolf buchte 1985 das »Dierks mobil«, ein fahrendes Tonstudio, das unser Konzert im »PC 69« in Bielefeld aufnehmen sollte. Dieter Dierks, der Inhaber der berühmten Dierks-Studios und Eigentümer des gleichnamigen Mobils, schickte Gerd Rautenbach und Peter Brandt, seine besten Toningenieure, nach Bielefeld, um unser Konzert mit dem »Dierks Recording Mobile II« aufzunehmen.

Gerd und Peter staunten nicht schlecht, als sie unser Equipment sahen, und kamen ganz schön ins Schwitzen, als es galt, die ganzen Instrumente und Tonkanäle aufeinander abzustimmen. Wir waren mächtig stolz darauf, mit einem Team von Toningenieuren zusammenzuarbeiten, die schon mit den größten Stars der Welt gearbeitet hatten, und wir fühlten uns selbst wie die »Crème de la Crème« der Livemusiker. Unser Soundcheck dauerte Stunden, denn die Dierks-Techniker mussten mit Percy jeden einzelnen Kanal abstimmen, um die optimale Aufnahmequalität zu garantieren. Aber schließlich schien alles zu funktionieren.

Unser Konzert fand vor vollem Haus statt. Das Publikum war begeistert dabei, und weil alle wussten, dass wir ein Livealbum machten, versuchte sich der eine oder andere mit seiner eigenen Stimme auf dem Album zu verewigen. Dementsprechend laut ging es zwischen und während den Stücken zu, und das Konzert lief super. Wir alle hatten eine Mordsgaudi, obwohl wir auch wegen der Aufnahme etwas nervös waren, denn schließlich wollten wir ja ein optimales Ergebnis erzielen.

Nachdem insgesamt zwei Konzerte aufgenommen worden waren, befand Dolf, dass genügend Aufnahmen vorlagen, um daraus ein Livealbum zu machen. Die Tonbänder wurden zu Peter Maffays Red-Rooster-Studio nach Tutzing geschickt, wo Jürgen und Laurent Antony, der zuvor schon an anderen Haindling-Alben mitgearbeitet hatte, die Abmischung vornehmen sollten.

Als die Aufnahmen fertig abgemischt waren, fuhren wir alle ins Red-Rooster-Studio, um uns das Ergebnis anzuhören. Wir saßen im Kontrollraum des großen Studios, und Laurent spielte uns die verschiedenen Songs der Reihe nach vor.

»Mann, Alter«, sagte Rainer, »das hätt ich nicht gedacht, dass das so gut klingt. Das klingt ja wie aus einem Guss.«

»Stimmt«, pflichtete Roald ihm bei, »besonders die Saxophone und die Hörner klingen so sauber, so gut klingt's auf der Bühne nie.«

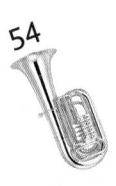

»Ja, wirklich«, bestätigte ich. »Auf der Bühne klingt's nie so rein wie hier auf der Platte. Das Blech wirkt völlig homogen, so als ob nur einer von uns gespielt hätte.«

»Liegt wahrscheinlich an der Aufnahmen. Die Dierks-Jungs wissen einfach, was sie machen. Aber es stimmt wirklich, das klingt, als ob einer allein das alles gespielt hätte«, bemerkte Charlie fachmännisch.

Laurent bekam einen roten Kopf, und Jürgen lachte verschmitzt.

»Wenn ihr mich fragt, dann ist Jürgen der einzige Grund dafür, dass es so gut klingt«, lachte Laurent.

»Wenn der Jürgen nicht alle Bläserspuren, die ihr gespielt habt, noch mal eingespielt hätte, dann hätten wir die Aufnahmen nicht verwenden können.«

»Stimmt«, lachte Jürgen, »die Stimmung von den Instrumenten war so schräg, dass ich einfach alles noch mal einspielen musste. Das einzige Lied, bei dem ich keine ›Overdubbs‹ machen musste, war die ›Meuterei‹. Die ist so schräg, wie sie ist, perfekt. Wenn die sauber gespielt worden wäre, dann hätte ich sie nicht verwenden können, oder ich hätte sie mit ein paar schrägen Tönen korrigieren müssen.«

Wir hörten uns alle begeistert die »Meuterei« an, und weil dieses Stück die einzige Nummer war, an der von Jürgen und Laurent nichts verändert werden musste, tauften wir das erste Haindling-Livealbum nach dem einzigen »Original« der Platte: »Meuterei«.

WAAhnsinn

Mitte der Achtzigerjahre plante die Bayerische Staatsregierung unter der Führung von Franz Josef Strauß zusammen mit einem großen Betreiberkonsortium den Bau der atomaren Wiederaufbereitungsanlage in Wackersdorf. Die im Volksmund »WAA« genannte Anlage sollte zur Wiederaufbereitung der Atombrennstäbe von Atomkraftwerken aus Deutschland, aber auch aus dem restlichen Europa dienen.

»Die WAA ist nicht gefährlicher als eine Fahrradspeichenfabrik«, verkündete der damalige bayerische Ministerpräsident in aller Öffentlichkeit. Tatsächlich aber hielten nicht wenige Experten die WAA für eine hochgradig unfallgefährdete Anlage, weshalb das aus umweltpolitischer Sicht äußerst riskante Unternehmen den Protest sämtlicher bundesdeutscher Umweltorganisationen und Bürgerinitiativen im Raum Oberpfalz auf sich zog. Im Rahmen des sogenannten Sonntagsspazierganges und sonstiger Anti-WAA-Kundgebungen kam es am Bauzaun, der das riesige Gelände der WAA schützen sollte, ähnlich wie im norddeutschen Brockdorf und Gorleben, immer wieder zur erbitterten Auseinandersetzungen zwischen Demonstranten und der Polizei. Um der Forderung nach einer Einstellung des Baus der WAA Nachdruck zu verleihen, wurde am 26. und 27 Juli 1986 mit dem »5. Anti-WAAhnsins-Festival« in Burglengenfeld in der Oberpfalz das bis dato größte Popkonzert in der Geschichte der Bundesrepublik Deutschland veranstaltet. 21 verschiedene Gruppen und Künstler, 600 Musiker, 600 Journalisten aus zehn Ländern, 1300 freiwillige Helfer und mehr als 120 000 Besucher nahmen an dem Mammutfestival teil. Die Szenerie auf dem Burglengenfelder Lanzenanger glich in seiner Dimension fast dem amerikanischen Woodstock-Festival.

Zur Zeit des ganzen Politikums rund um die WAA war ich noch Jurastudent und kannte mich mit dem Bayerischen und Bundesatomgesetz einigermaßen gut aus. Mein öffentlich-rechtlicher Repititor hatte einen Freund, der als Referent in der Bayerischen Staatskanzlei an zahlreichen Kabinettssitzungen teilnehmen musste, in denen die Genehmigungsfähigkeit der Anlage diskutiert wurde. Durch diesen »Informanten« war ich stets über den aktuellen Stand der Diskussion in Sachen WAA informiert.

Das Hauptproblem bei der Erteilung einer Baugenehmigung bestand darin, dass der Bodenleitfaktor des Geländes rund um die geplante Anlage sehr hoch war. So konnte nicht ausgeschlossen werden, dass emittierende Isotope in den Lebensmittelkreislauf gelangen konnten, bevor ihre Halbwertszeit erreicht wurde. Im Klartext betand also eine gewisse Gefahr, dass die Bevölkerung in und um Wackersdorf irgendwann der Gefahr einer radioaktiven Verseuchung ausgesetzt war.

Dem Vernehmen nach kam dann auch das bayerische Landesamt für Boden- und Luftmessung damals in seinem Gutachten zu dem Ergebnis, dass die WAA wegen der hohen Leitfähigkeit des Bodens im Umfeld der Anlage aus atomrechtlicher Sicht nicht genehmigungsfähig sei. Franz Josef Strauß muss, nachdem er über die Bedenken hinsichtlich der Genehmigungsfähigkeit der Anlage informiert worden war, völlig außer Rand und Band geraten sein und ernsthaft die Überlegung angestellt haben, die geltenden atomrechtlichen Vorschriften im Rahmen einer Gesetzesänderung »korrigieren«, zu lassen, sodass die WAA letztendlich genehmigungsfähig gemacht werden würde. Gibt einem das Gesetz nicht, was man braucht, so ändert man eben das Gesetz, bis es passt! Glücklicherweise ist es aber damals nicht so weit gekommen.

Ich war seinerzeit von dem, was ich durch meine diversen Informanten über das Gebaren und die Kaltblütigkeit von Industrie und Politik im Zusammenhang mit der WAA gehört hatte, derart erbost, dass ich es als meine Bürgerpflicht betrachtete, gegen diesen staatlich geplanten WAAhnsinn Widerstand zu leisten. Aus diesem Grunde kam mir die Anfrage des Veranstalters, ob Haindling beim Anti-WAAhnsinns-Festival spielen würde, wie ein Wink des Schicksals vor. Jeder von uns war ehrlich begeistert, beim größten Anti-WAA-Festival aller Zeiten mitspielen zu dürfen.

Am Tag unseres Auftrittes fuhren wir mit unserem Tourbus Richtung Wackersdorf. Schon etliche Kilometer vor Burglengenfeld stockte der Verkehr, und wir kamen nur noch im Schneckentempo voran. Die Straßen waren überfüllt von Menschen, die teils zu Fuß, teils im Auto versuchten, zum Festivalgelände, dem Burglengenfelder Lanzenanger, zu gelangen. Links und rechts der Straßen standen Autos und Kleinbusse, und die ganze Szenerie erinnerte an eine Völkerwanderung. Je näher wir Burglengenfeld kamen, desto mehr Polizei war in den Wäldern links und rechts der Straße zu sehen. Polizeibus an Polizeibus, Laster an Laster, berittene Polizei, Verkehrspolizei – alles, was eine grüne Uniform und Beine hatte, war an diesem Wochenende im Raum Burglengenfeld versammelt. Wie später berichtet wurde, sollen sich mehr als 6000 Polizeibeamte in dieser Gegend aufgehalten haben.

Wir spielten als eine von einundzwanzig verschiedenen Bands neben BAP, der Biermösl Blosn, Herbert Grönemeyer, Udo Lindenberg, den Toten Hosen, Wolf Maahn und vielen mehr und ließen bei unserem Konzert richtig die Sau raus. Vor unserer Bühne standen mehr als 120 000 Menschen, die ein einziges undefinierbares Gemenge an Köpfen und Körpern bildeten. Wir haben nie zuvor und nie mehr wieder eine derart große Menschenmenge vor der Bühne erlebt. Selbst die Massen beim Wiener Donauinselfest konnten dem Menschenmeer auf dem Lanzenanger nicht das Wasser reichen.

Aufgrund des Rummels auf dem Gelände und der riesigen Menschenmenge vor uns gerieten wir alle in eine Art Adrenalinrausch. Das Konzert flog an uns vorbei wie im Zeitraffer, und wir alle waren in Bestform. Als Höhepunkt unseres Sets spielten wir »Spinni«, und danach forderte Jürgen lautstark 120000 Menschen zur »Meuterei in Wackersdorf auf«. Jürgen stand mit gelbem Muscle-Shirt und wallender Mähne wie ein Magier auf der Bühne und beschwor die Menge: »Jawoll, meine sehr verehrten Herrschaften, steigen Sie ein, fahren Sie mit uns in das Land der Spontanität und der Emotion, greifen Sie hinein in den schleimigen Topf der geistigen Wiedergeburt und spreizen Sie die Beine, winkeln die Ellenbogen an und schreien Sie mit der ungebändigten Kraft eines wütenden Hundes das Lied der Meuterei:

Hau Hau Hau Hau Hau

Hau Hau Hau Hau Hau

Hau Hau Hau Hau Hau.

Und das eine sage ich euch. Wer heute nicht mitmacht, der bereut es spätestens am morgigen Tag, und dann denkt er sich, warum war ich gestern nur so feig und habe nicht mitgemacht bei der Meuterei, und dann rennt er in den Schallplattenladen, kauft sich alle drei Haindling-LPs und sucht verzweifelt das Lied der Meuterei und kann es nicht finden, weil es nicht auf Platte gepresst ist, und dann denkt er sich, hätte ich doch gestern mitgemacht, bei der Meuterei!«

Was jetzt geschah, hätte ich mir in meinen kühnsten Träumen nicht ausmalen können. Unter uns, vor uns, links und rechts von uns und bis hinter zum Horizont zuckten die Leiber, teilweise nackt, teilweise bekleidet, und die Menschenmasse bellte wie eine Armee tollwütiger Hunde. Der Lärm, der sich in Sekundenschnelle um uns herum entwickelte, war so infernalisch, dass ich das Gefühl hatte, es käme zu einem zweiten Jericho – nur dass diesmal nicht die Stadtmauern, sondern der Bauzaun um das WAA-Gelände einstürzen sollte. Das Publikum raste vor Begeisterung, und wir schaukelten uns gegenseitig in Ekstase. Jürgen feuerte die wilde Meute an, Charlie erlebte einen multiplen Orgasmus auf der Bühne, und Rainer und ich schrien so laut, dass uns fast die Stimmbänder rissen.

Die Meuterei war der völlige Wahnsinn und für das WAAhnsinns-Festival ein angemessenes Spektakel, wie ich es danach nie mehr erlebt habe. Die Veranstalter des Festivals ermahnten die Besucher deshalb eindringlich, sich friedlich zu verhalten, um der Polizei keinen Anlass zum Einschreiten zu geben. Glücklicherweise hielten sich alle Besucher an diese Bitte des Veranstalters, und es gab während der ganzen zwei Tage des Festivals keinerlei Gewaltausbrüche oder Ausschreitungen. Die riesige Polizeiarmee musste deshalb unverrichteter Dinge wieder abrücken, und anders als beim damaligen Sonntagsspaziergang am Bauzaun, konnte der Einsatz von Gummiknüppeln, Wasserwerfern und CS-Gas unterbleiben. Vor allem aber brachte die Friedfertigkeit der Teilnehmer die bayerische Politik und die Industrie um die Möglichkeit, die Festivalbesucher und Umweltschützer als linke Chaoten und gewaltbereite Berufsdemonstranten zu diskreditieren. Das Festival war in jeder Hinsicht ein gigantischer Erfolg.

Kurz nach dem Tod von Franz Josef Strauß im Oktober 1988 verkündete ein Regierungsbeamter, dem ich als Rechtsreferendar zugeteilt war, man dürfe nun Hoffnung haben, dass nach dem Ableben des »großen Vorsitzenden« das Prinzip der Gewaltenteilung auch im Freistaat Bayern wieder Geltung erlangen würde. Kurioserweise gaben die bayerische Staatsregierung und die Firmen des geplanten Betreiberkonsortiums im Mai 1989 das Projekt WAA auf, und das Gelände im Taxöldener Forst wurde einer Fahrradspeichenfabrik zur Verfügung gestellt. Und so wurde das Projekt WAA zum größten politischen Rohrkrepierer der Ära Franz Josef Strauß. Dass am Ende ausgerechnet jene zur zynischen Verharmlosung zitierte Fahrradspeichenfabrik das Rennen machen würde, hätte sich jedenfalls keiner der hohen Herren gedacht. Als ich die Mitteilung vom Baustopp der WAA erhielt, fiel mir sofort eine Textpassage aus unserem Song »Hollaro« ein:

> *So trunkene Mathematiker wir auch sind,*
> *so hinken wir dennoch unseren Berechnungen um Lichtjahre hinterher.*
> *Ois beim Deifi, nix mehr do, ois is furt, Hollaro.*

Am Hofe des Sonnenkönigs

Im Februar 1986 hatten wir ein Konzert in einem Regensburger Club. »Hey Jungs, wir haben hohen Besuch«, berichtete Dolf, »die Fürstin ist da.«
»Welche Fürstin denn«, fragte ich neugierig.
»Na, welche Fürstin wird das wohl sein? Die Gloria, Gattin von Johannes Baptist Fürst von Thurn und Taxis, wer denn sonst?«, belehrte mich Dolf etwas erstaunt.
»Kenn ich nicht«, antwortete ich trotzig.
»Das wird sich gleich ändern«, bemerkte Dolf und verließ die Garderobe.
Unser Konzert in dem besagten Regensburger Club war völlig ausverkauft. Wir spielten super, die Stimmung war bombastisch, und die Leute hatten einen Riesenspaß. Die Halle kochte, und wir schwitzten wie nach einer halben Stunde Sauna. Nachdem das Set zu Ende war, saßen wir hinter der Bühne, und das Adrenalin kochte in unseren Adern.
»Mein Gott, ist das eine Hitze«, sagte Jürgen.
»Die Meuterei überleb ich so nicht«, maulte Rainer. »Da krieg ich nen Hitzschlag!«
»He, warum ziehen wir uns nicht aus und meutern oben ohne«, schlug Charlie vor.
»Gute Idee, das machen wir, dann drehen die Weiber völlig durch«, rief ich begeistert.
»Die Fürstin aber auch«, setzte Roald grinsend hinzu.
Gesagt, getan: Wir zogen unsere T-Shirts aus, gingen oben ohne auf die Bühne hinaus und »meuterten« wie eine Horde tollwütiger Kampfhunde. »Hau, hau, hau, hau, hau, hau, hau, ...«
Das Publikum stellte sich, wie von Jürgen instruiert, breitbeinig in die Arena, schlug rhythmisch die angewinkelten Arme an den Körper und bellte mit uns im Takt. Im schummerigen Licht der Disco konnte ich den Fürsten erspähen, der mit einer Gruppe von Leuten am hinteren Ende des Clubs stand und begeistert mitmachte. Die Leute flippten völlig aus, und die Post ging ab. Nachdem die Zugabe vorbei war, rannten wir in unsere Garderobe, und der Cocktail aus Endorphin und Adrenalin in unserem Blut versetzte uns in einen rauschhaften Zustand. Plötzlich flog die Tür auf und eine junge Frau stürmte zur Tür herein, gefolgt von einem Trupp gut aussehender junger Männer.
»Hey Jungs«, schrie sie mit heiserer Stimme, »das war ja suuuuupergeil, wir sind da hinten total ausgeflippt. So was hab' ich ja noch nie erlebt!« Sie lief auf Jürgen zu, der sie sehr höflich, aber etwas distanziert begrüßte.
»Ah, servus Gloria, schön dass es dir gefallen hat«, sagte er lachend. »Ja, es war wirklich super

und eure Schreitherapie, das war der völlige Hammer. Wir haben uns köstlich amüsiert.« »Johannes, Gloria?« Jetzt dämmerte es mir. Das war doch die junge Frau, die ich vor einiger Zeit in einer goldenen Kutsche sitzend auf der Tielseite der *Bunten Illustrierten* gesehen hatte. Bei ihrer Hochzeit war sie 20 und der Fürst war 54 Jahre alt gewesen. Ich hatte damals keine Ahnung vom deutschen Hochadel und dachte zuerst, dass sie seine Tochter sein müsse, bis ich begriff, dass diese beiden so ungleichen Menschen ein Paar waren. Das also war die berühmte Gloria von Thurn und Taxis, die Fürstin. Ganz schön ausgeflippt für eine Fürstin, dachte ich.

Gloria stand mit ihrem Bruder Alexander, dessen Freund Philipp und einem von Philipps Freunden in der Ecke der Garderobe, rauchte eine Zigarette nach der anderen und unterhielt sich lauthals lachend mit Jürgen. Ich hatte keine rechte Vorstellung davon, wie eine Fürstin sich zu benehmen hat, aber dass Mitglieder des Hochadels so ungezwungen und ausgelassen sein

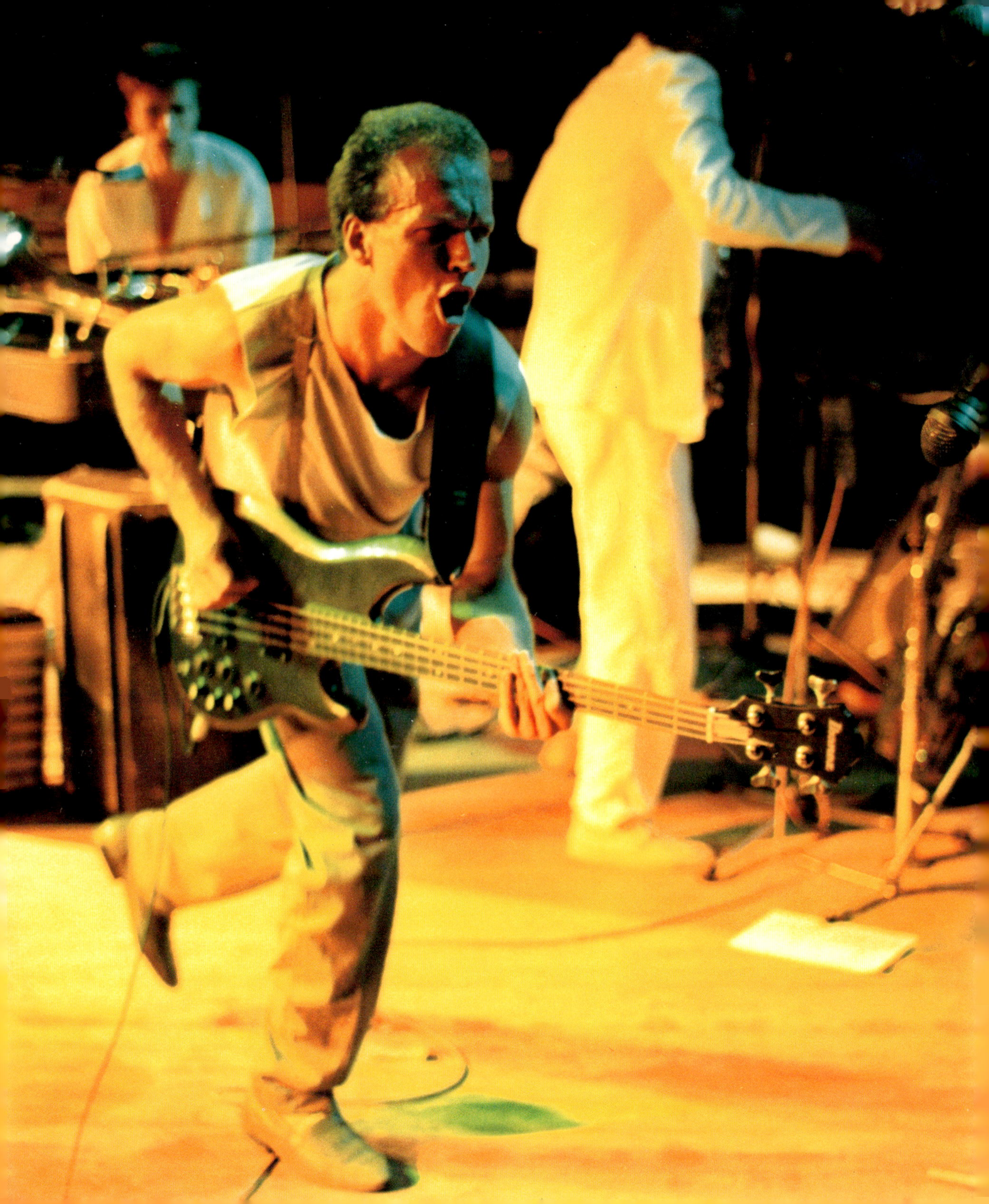

konnten, hätte ich mir nicht träumen lassen. Irgendwie fand ich Gloria unglaublich nett und sympathisch.

Nach einiger Zeit kam Glorias Fahrer und bedeutete ihr, dass es Zeit wäre aufzubrechen. Sie verabschiedete sich mit einem »Also, servus Leute, ich melde mich« und entschwand samt ihrer »Entourage« in die Regensburger Nacht.

Wenige Tage später klingelte das Telefon. »Grüß dich Micha, hier spricht der Dolf. Ich wollt' mal einen Termin mit dir abchecken. Die Gloria macht zum 60. Geburtstag von Johannes eine Riesenfete in Regensburg, und weil ihr den beiden neulich so gut gefallen habt, möchte Gloria haben, dass ihr bei ›Goldis‹ Geburtstag spielt.«

»Wow, wirklich? Ja, da sind wir natürlich sofort dabei. Weißt du schon, was sie vorhat«, wollte ich wissen.

»Nicht genau, aber es muss eine Wahnsinnsfete werden. Soweit ich weiß, soll das Schloss Sankt Emmeram von einer Truppe französischer Performancekünstler zum Schloss Versailles zurückverwandelt werden. Das Motto der Fete ist, glaube ich, ›Ein Abend am Hofe des Sonnenkönigs‹.

»Und der Sonnenkönig ist natürlich der ›Goldie‹«, meinte ich spöttisch. Denn »Goldie« war, wie wir erfahren hatten, Glorias Kosename für Johannes.

»Ja klar, wer denn sonst«, lachte Dolf.

»Mann, supergeil, da müssen wir hin«, insistierte ich.

»O.k., dann sag ich zu. Die andern können alle, und du warst noch der letzte auf der Liste.«

»Goldie« als Louis XIV., das versprach eine interessante Erfahrung zu werden. Dem Vernehmen nach wurde der halbe europäische Hochadel erwartet, aber auch die internationale High Society vom Agha Khan über den Waffenhändler Adnan Kashoggi bis hin zu Rolling-Stones-Boss Mick Jagger mit seiner damaligen Gattin Jerry Hall. Letzterer sollte für sein Erscheinen einen nicht unerheblichen Geldbetrag erhalten haben, aber wen interessierte das schon. Hauptsache, er würde kommen.

Der Tag des großen Ereignisses rückte näher. Wir wussten, dass die Party am Abend unter Kostümzwang stand. Alle mussten sich in historische Gewänder kleiden, sodass die Gesellschaft möglichst authentisch wirkte. Im Schlosshof stellte sich eine stattliche Schar Komparsen auf, die »das Volk« darstellen sollte, das den Geburtstag des Sonnenkönigs ebenfalls mitfeiern durfte. Offensichtlich handelte es sich dabei um Angestellte der verschiedenen Thurn-und-Taxis-Firmen. Selbst ans Vieh hatte man gedacht. Um die Szenerie möglichst echt aussehen zu lassen, hatten die Performancekünstler Pferde, Kühe, Ziegen und Hühner organisiert und entsprechend in Szene gesetzt. Vor dem Tor zum Schlosshof gab es einen langen »Zeittunnel«, den jeder

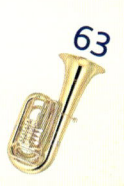

Gast durchlaufen musste, um zur Party zu gelangen. In diesem Tunnel hingen Uhren, deren Zeiger rasend schnell rückwärts liefen, um die Zeitreise in die Vergangenheit zu symbolisieren. Gloria hatte wirklich an alles gedacht – nur nicht an uns.

Ich hatte mich schon auf einen Abend im Schloss gefreut und diverse Münchener Kostümverleihe abgeklappert, um mir ein adäquates Gewand zu besorgen. Inmitten meiner eifrigen Suche erhielt ich Nachricht von Dolf, dass unser Auftritt nicht am Abend im Schloss, sondern am Nachmittag auf einem Donaudampfer stattfinden sollte. Das Schiff sollte von Regensburg zum Donaubruch nach Weltenburg und wieder zurück fahren. Irgendwo auf der Strecke sollte noch eine Wallfahrtskirche besucht werden. Dies war eine herbe Enttäuschung, denn was war schon ein Donaudampfer verglichen mit Schloss Versailles.

Wir kamen von Würzburg, wo wir am Abend zuvor ein Konzert gegeben hatten, und gingen in Regensburg am Donaukai an Bord eines riesigen Flussschiffes. Der Dampfer war fein herauspoliert und überall mit Blumen festlich geschmückt. Im Restaurant des Schiffes wurden Podeste aufgebaut, die als Bühne dienten, und wir fanden uns zum Soundcheck ein. Irgendwie waren wir alle nervös und gespannt auf die zu erwartende Prominenz.

»Achtung, die Gäste kommen«, rief Percy hinter seinem Soundpult. Wir rannten alle nach draußen und reihten uns wie Matrosen eines Schulschiffes beim Appell an der Reling auf. Zwei große Reisebusse rollten zum Kai und hielten direkt neben unserem Dampfer. Die Türen öffneten sich automatisch, und eine bunte Masse gut und teuer gekleideter Menschen quoll aus den Autos heraus. Die Leute mischten sich schnell untereinander, und eine Weile schien es, als würde jeder jeden links und rechts auf die Wangen küssen. Einige der Herren begrüßten die Damen mit formvollendeten Handküssen, während die Damen sich jeweils dreimal auf die Wangen küssten und sofort miteinander tratschten.

Das ist also die internationale »Hautevolee«, dachte ich.

»Auweh, das ist ja die ›Oide‹ vom Adnan Kashoggi«, sagte Roald respektlos und zeigte auf eine wunderschöne Orientalin in weißem Kostüm.

»Wie heißt die noch?«, fragte Rainer.

»Namila oder so. So eben wie seine Yacht«, bemerkte ich.

»Ich denke eher, dass die Yacht wie die Frau heisst«, korrigierte Percy. »Die war wahrscheinlich sein Hochzeitsgeschenk.«

Wir standen neugierig wie die Paparazzi an der Reling und beobachteten die an Bord gehende Prominenz.

»Habt's schon den ›Goldie‹ und die Gloria gesehen?«, wollte Jürgen wissen.

»Bis jetzt noch nicht aber da hinten kommt ein schwarzer Daimler, das könnten sie sein«, rief Dolf aufgeregt.

Tatsächlich, der schwarze Daimler rollte langsam auf den Dampfer zu und kam exakt in dem Augenblick zum Stehen, in dem der letzte Passagier die Gangway verlassen hatte. Der Chauffeur stieg aus und öffnete würdevoll die Türen zum Fond. Gloria und der Fürst stiegen aus, winkten den mittlerweile ebenfalls auf dem Unterdeck an der Reling stehenden Passagieren zu und kamen an Bord.

»Hat einer eigentlich den Mick Jagger schon gesehen?«, fragte Rainer in die Runde.

»Nee, der war noch nicht dabei«, antwortete ich.

»Der wird wahrscheinlich auch nicht kommen«, meinte Roald. »Der knackt wahrscheinlich noch ne Runde, damit er heute Abend fit ist. Du weißt doch, wie's ist«.

Mick Jagger war für uns der wichtigste aller Gäste, und insgeheim hoffte ich, dass Haindling von ihm entdeckt und als Supportact auf die nächste Welttournee der Rolling Stones eingeladen werden würde. Aber offensichtlich sollte das nicht sein. Ich hatte mich schon damit abgefunden, den Tag verbringen zu müssen, ohne Mick Jaggers Bekanntschaft gemacht zu haben, da rief Charlie: »Schaugt's her, da hinten kommt er doch, und seine Alte ist auch dabei«.

Auf dem Kai stand Glorias Mercedes und aus diesem sprang mit dem für ihn typischen Elan Mick Jagger. Jerry Hall entstieg dem Wagen mit gewohnter Eleganz und bestach durch einen divenhaften Auftritt. Beide zogen die Blicke aller Gäste auf sich, und Mick zeigte mit seinem Auftritt allen, »wo der Publicity-Hammer hängt«.

Wir gingen zurück ins Restaurant, bezogen Position auf unserer »Bühne«, und Dolf gab uns ein Zeichen zu beginnen. Wir fingen an zu spielen und waren alle mächtig nervös. Um die Stimmung gleich anzuheizen, spielten wir gleich nach »Weite Welt« »Hello Baby«. Dieser Titel war auch unser einziger Song mit internationalem Text, und Jürgen dachte sich wahrscheinlich, dass er den Leuten gefallen würde, weil der Text verständlich und sehr eindeutig ist. Sein Kalkül ging auf, denn kaum waren wir mit »Hello Baby« fertig, kam Mick Jagger ins Restaurant gestürmt und rannte mit dem von seinen Bühnenshows bekannten forschen Schritt auf uns zu. »Hey, my name is Mick, you guys play great music«, grinste er. Er stellte sich vor uns hin und gab jedem von uns die Hand.

Wow, dachte ich, Mick Jagger hat dir die Hand gegeben. Ich war wahnsinnig stolz, dass ein solch berühmter Musiker meine Bekanntschaft gesucht hatte, und fühlte mich musikalisch geadelt. Das Schiff legte ab und fuhr Richtung Weltenburg.

Mick stand fast eine halbe Stunde lang im Abstand von zwei Metern vor uns und hörte aufmerksam unserer Musik zu. Wir spielten »Rote Rosen«, »Kracht und gscheppert«, »Moh mah du«, den »Holzscheidl Rap«, und was immer sonst noch unseren erlesenen Fan interessieren konnte. Mick amüsierte sich prächtig und applaudierte kräftig.

So ungefähr muss es bei der Aufnahmeprüfung zum Musikkonservatorium sein, dachte ich. Mick Jaggers Präsenz machte mich sehr nervös, denn vor einem solchen Künstler wollte ich mir keine musikalische Blöße geben. Ein »Verspieler« war angesichts unseres prominenten Zuhörers einfach nicht drin.

Irgendwann kam eine Durchsage des Kapitäns, und das Schiff legte an einem Steg an. Die verehrten Gäste wurden eingeladen, eine kunsthistorisch bedeutende Kapelle zu besichtigen. Für uns brachte das die lang ersehnte Pause. Wie schon zuvor gingen wir wieder nach draußen aufs Oberdeck und beobachteten, wie die Passagiere das Schiff verließen. Adnan Kashoggi ging zuerst. Ihm folgte seine wunderschöne Frau. Kashoggi war durch Waffengeschäfte zum Milliardär geworden, aber berühmt wurde er wegen der Schönheit der Frauen, mit denen er sich vor der Regenbogenpresse schmückte. Er selbst war eher eine enttäuschende Erscheinung. Denn mit seinen 1,65 Meter Körpergröße wirkte er ziemlich unscheinbar – jedenfalls für einen derart mächtigen Mann. Seiner Frau reichte er gerade mal bis zum Kinn. Irgendwie hatte ich immer gedacht, dass Männer seines Kalibers auch eine gewisse körperliche Erscheinung haben sollten.

Nach den beiden gingen die übrigen Gäste über die Gangway von Bord. Der Fürst und Gloria liefen plaudernd in einem Pulk von Gästen Richtung Kapelle. Auf einmal sahen wir, wie sich Mick Jagger von hinten durch die Gruppe drängte. Weil der Fürst ihn nicht bemerkte und deshalb auch nicht vorbeiließ, quetschte sich Mick zwischen ihm und einer älteren Dame durch und stieß dem Fürsten dabei seinen rechten Ellenbogen in die linke Seite. Wir konnten von unserem Ausguck aus genau erkennen, dass der Schlag schmerzhaft gewesen sein musste, und der Fürst zuckte kurz zusammen, ehe er Platz machte. Im Übrigen aber wahrte er seine fürstliche Contenance, und wenn ihn das ungehörige Betragen seines Stargastes geärgert hatte, so ließ er sich doch nicht das Geringste anmerken. Irgendwie hatte ich das Gefühl, dass Mick gar nicht wusste, dass er seinen Ellenbogen soeben in die Seite des Sonnenkönigs gerammt hatte, denn er tat einfach so, als sei nichts passiert.

Nach der Rückkehr der Gäste fuhr das Schiff noch bis kurz vor Weltenburg die Donau hinauf, wendete und fuhr zurück in Richtung Regensburg. Wir spielten weiter – diesmal allerdings ohne Zuhörer, da die Prominenz sich auf dem Unterdeck das laue Sommerlüftchen um die Nasen wehen ließ. Als wir endlich eine kurze Pause machen konnten, ging ich mit Roald zusammen auf die Toilette. Roald stand am äußersten rechten Ende des Pissoirs, ich am äußersten linken Ende. Auf einmal ging die Tür auf und Adnan Kashoggi kam herein. Weil die Toilettenkabine schon in Benutzung war, stellte er sich zu uns in die Mitte, grüßte freundlich mit »Hi, how are you?« Roald machte es sichtlich nervös, neben einem so prominenten Menschen sein Geschäft zu erledigen. Er warf einen verstohlenen Blick nach links unten und wurde auf einmal rot. Dabei begann er verlegen zu lachen, und schließlich sagte er: »Scheiße, ich hab ein Problem, ich kann nicht mehr pieseln.«

Kashoggi bemerkte sofort, was los war, schaute zu Roald herüber, grinste ihn an und sagte: »Don't worry, this happens sometimes on these trips.« Er packte wieder ein und verließ die Toilette.

Kaum hatte er den Raum verlassen, da brachen wir in schallendes Gelächter aus.

»Was war denn auf einmal los«, wollte ich wissen.

»Ich war neugierig, ob der Rest an ihm auch so klein ist, wie er selbst, aber als ich sein Gerät gesehn hab, war ich so eingeschüchtert, dass ich nicht mehr pieseln konnte«, erklärte Roald grinsend und augenzwinkernd.

Das Friedensfestival

Am 28. 02. 1986 wurde der schwedische Ministerpräsident Olof Palme von einem gewissen Christer Pettersson erschossen. Olof Palme war als Politiker eine Art Symbolfigur des Weltfriedens und engagierte sich als Begründer der »Palme-Kommission« für Abrüstungsinitiativen. In einer gewissen Weise war er Mittler zwischen Ost und West und ein auf beiden Seiten des Eisernen Vorhanges sehr geschätzter Staatsmann. Seinen gewaltsamen Tod nahmen einige gewitzte Konzertorganisatoren zum Anlass, das »Olof-Palme-Friedensfestival« als großes internationales Konzertereignis zu organisieren. Da Olof Palme gleichermaßen im Westen und Osten friedenspolitisch wirkte, sollte das Festival vor und hinter dem Eisernen Vorhang stattfinden.

Ein Freiluftgelände in Garching-Hochbrück und der Wenzelsplatz im tschechischen Prag sollten gute eineinhalb Jahre später, im September 1987, die Veranstaltungsorte dieses Festivals sein. Ebenso international wie das Festival sollten die Bands und Künstler sein, die das Programm bestreiten sollten. Dementsprechend skurril war die Liste der beteiligten Künstler. Osteuropa war durch die russische Popikone Alla Pugatschova, die »Madonna Russlands«, vertreten. Dazu kamen noch ein paar russische Hardrock-Bands, die recht unaussprechliche Namen hatten.

Westeuropa war nur durch deutsche Künstler und Bands vertreten, wie sie unterschiedlicher nicht sein konnten. Zunächst stand da der Rocker der Nation, Udo Lindenberg, als Headliner ganz oben auf der Liste. Udo, der schon anlässlich seiner Ostdeutschlandtournee Erich Honnecker symbolisch eine Lederjacke verliehen hatte, glaubte mit den Gepflogenheiten in den Ländern jenseits des Eisernen Vorhanges vertraut zu sein und stand natürlich in vorderster Linie. Er griff sich sofort Alla Pugatschova und machte mir ihr auf deutsch-russische Freundschaft. Vermutlich plante er bei dieser Gelegenheit schon seine nächste Ostblocktournee mit Alla in Russland.

Die zweite Band waren die »Toten Hosen«. Die »Hosen« waren damals schon total angesagt, aber anders als Udo nahmen sich Campino, Breiti, Wolli und Co. selbst nicht so wichtig, sondern zogen routiniert die »Hosen«-typische Sause à la Pogo in Togo auf der Bühne ab.

Den sicherlich außergewöhnlichsten Auftritt lieferten allerdings die »Einstürzenden Neubauten«. Diese Band war mir bis dato kein Begriff. Das sollte sich allerdings sehr schnell ändern.

»Du Percy, was sind denn das für Gruftis, die da hinter der Bühne abhängen?«, fragte ich unseren Toningnieur Percy Rönnberg.

»Ja, sag mal, kennst du die nicht?«, erwiderte Percy verwundert. »Das sind die ›Einstürzenden Neubauten‹. Die sind in der Underground-Szene total angesagt.«

»Den Eindruck habe ich auch«, erwiderte ich ironisch, »wenn ich mir diese schrägen Typen so anschaue.«
»Hey, du musst doch als Musiker mal was von Blixa Bargeld gehört haben? Das ist deren Sänger. Das ist ein völlig irrer Typ. Man sagt, er sei Sympathisant der RAF«, sagte Percy mit einem Blick, der erkennen ließ, wie sehr er in diesem Augenblick an mir zweifelte.
»Wixer Bargeld? Nein, wirklich nicht. Muss man den wirklich kennen? Welche Art Musik spielen die denn?«, fragte ich verunsichert.
»Industrial Rock und Underground«, belehrte mich Percy.
»Mei Micha, bist du eigentlich auf der Brennsuppen dahergeschwommen?«, machte mich auf einmal Peter an. »Die Neubauten, die kennt man doch, das sind doch die, die auf der Bühne ganze Autos mit der Flex zerlegen und Gitarrenriffs und Schlagzeug dazu spielen.«

»Hab ich wirklich noch nie gehört, aber irgendwie klingt das ziemlich schräg«, meinte ich. »Die muss ich mir unbedingt anhören.«
Stunden später war's dann so weit. Als die Neubauten auf die Bühne gingen, standen überall Maschinen und Autoteile auf der Bühne herum. Die Szene sah aus wie der reinste Schrottplatz. Sie spielten sehr harten, psychotischen Rock, und Blixa Bargeld gab Laute von sich wie der Leibhaftige. Irgendwann während der Show nahm Blixa dann eine Flex und fing an, eine Autohälfte zu zerlegen, während die Band dazu hämmernde Beats und harte Gitarrenriffs spielte. Auf der Wiese in Garching-Hochbrück tanzten Tausende von »Neubauten«-Fans ekstatisch zu dem infernalischen Getöse, das durch die Nacht hallte. Die »Neubauten« waren so laut, dass man den Eindruck hatte, sie müssten noch am zwanzig Kilometer entfernten Münchener Marienplatz zu hören sein.

Was ausgerechnet Haindling mit all diesen Bands zu tun haben sollte, habe ich bis heute nicht begriffen. Wahrscheinlich fehlte einfach noch eine Band, und da Haindling Bayerns angesagtester Act war und Garching nahe an München liegt, kalkulierte der Veranstalter wahrscheinlich mit unseren Fans, um das Gelände noch voller zu kriegen.

»Jürgen, was solln mir denn vor diesem Pogo- und Grufti-Publikum spielen? Die kennen uns doch gar nicht, hoffentlich pfeifen die uns nicht aus«, sagte ich besorgt zu Jürgen, als wir das Programm für unseren Auftritt zusammenstellten.

»Micha, scheiß dir nix, die kriegen wir schon. Wir spielen unser Festivalprogramm wie immer, und ich garantier dir, spätestens bei der ›Meuterei‹ fressen die uns aus der Hand.«

Wir gingen also bei Sonnenuntergang auf die Bühne und spielten unser Programm vor fast 20 000 Besuchern. Unsere Haindling-Fans waren ganz vorn an den Sicherheitsgittern vor der

Bühne und hatten eine Riesengaudi. Hinter ihnen stand allerdings ein Heer schwarz gekleideter »Neubauten«-Fans, die erst einmal nicht so recht wussten, was sie mit uns anfangen sollten, sich aber sichtlich auf uns einließen. Da wir aber nur eine Dreiviertelstunde spielen durften, nahmen wir die Titel ins Programm, zu denen die Leute am besten tanzen konnten. Beim Holzscheidl-Rap, unserer vorletzten Nummer, ging im Publikum schon total die Post ab, und selbst die wüste Fangemeinde der »Neubauten« ließ sich von uns zum tanzen animieren. Kaum war der Holzscheidl-Rap zu Ende, erklang Roalds Kirchenorgelsound als Intro zur »Meuterei«.

Die »Meuterei« war eine Art Punk-Song, den Jürgen unter dem Eindruck einer Schreitherapie, die er bei den Sanyassins besucht hatte, entwickelt hatte. Dabei ging es darum, sich breitbeinig aufzustellen, die Arme anzuwinkeln und die im Neunzig-Grad-Winkel zum Körper stehenden Arme rhythmisch an die Körperseiten zu schlagen. Dabei schrie man aus Leibeskräften und bellte wie ein wütender Hund. Diese Übung diente dazu, die im Körper aufgestauten Aggressionen freizulassen.

So schwer man sich vorstellen kann, dass diese Schreitherapie wirklich eine befreiende Wirkung ausüben soll – wenn Jürgen von der Bühne herunter seine Anweisungen gab, war die Wirkung eine unglaubliche, sofern man sich auf die Übung einließ und sich die Lunge aus dem Leib schrie. Für mich selbst war die »Meuterei« ein absoluter Höhepunkt des Konzerts, da ich zusammen mit Rainer Horn bzw. Posaune spielen und schlagen und schreien musste. Die Übung war unglaublich anstrengend, hatte aber wirklich eine wohltuende Wirkung, weil ich all meine Aggressionen innerhalb von fünf Minuten loswerden konnte.

Unsere Fans liebten die »Meuterei«, und die Nummer war der absolute Kult.

Jürgen baute sich vor seinem Mikrofon auf und beschwor die vor ihm in der Dunkelheit stehende Masse wie ein Magier bei einer schwarzmagischen Messe.

Jürgen hämmerte seine Basslinie aus seinem Moogsynthesizer, dann stiegen Charlie und Peter mit Bass und Schlagzeug ein, und Rainer und ich gaben den Höllenhund. Der Lärm war infernalisch, und unter uns zuckte die Menge wie eine Meute tollwütiger Hunde. 20 000 Menschen hüpften, schlugen mit angewinkelten Ellenbogen auf ihre Oberkörper ein und bellten und schrien im Takt. Es war der reine Wahnsinn. Die »Neubauten«-Fans übertrumpften sich gegenseitig, und die »Hosen«-Fraktion gaben den »Pogo in Togo« und sprangen sich gegenseitig an. Charlie fegte wie ein Derwisch über die Bühne, hämmerte auf seinen Bass ein und faszinierte die Menge mit seinem Mienenspiel, das seinesgleichen suchte.

Als die »Meuterei« zu Ende war, rannten wir von der Bühne und mussten zweimal zurück, um die Ovationen der Menge entgegenzunehmen. Leider durften wir keine Zugabe spielen, denn der Veranstalter verhängte Geldstrafen bei Überschreitung der Auftrittszeit. Wir gingen mit geschwellter Brust von der Bühne, und einige Zeit später spielten die »Neubauten« das letzte Set und beendeten den ersten Abend des zweitägigen Festivals.

»Hast es g'sehn, Micha?«, grinste Jürgen mich an. »Spätestens bei der Meuterei sind sie alle dabei.«

»Stimmt«, sagte ich anerkennend, »aber die waren schon früher dabei. Ich hab allerdings auch den Blixa Bargeld bei der ›Meuterei‹ an der Bühne gesehen: Der kam hoch und hat total mitgemacht.«

Wir gingen ins Cateringzelt hinter der Bühne, in der Campino noch mit seinen Jungs saß. »Hey Leute, die Hundenummer war der absolute Wahnsinn, so was sollten wir auch mal machen«, rief er uns anerkennend zu.

»Na musst nur zu die Sanyassins gehn.« antwortete Jürgen. »Da können selbst die Toten Hosen noch einiges dazulernen.«

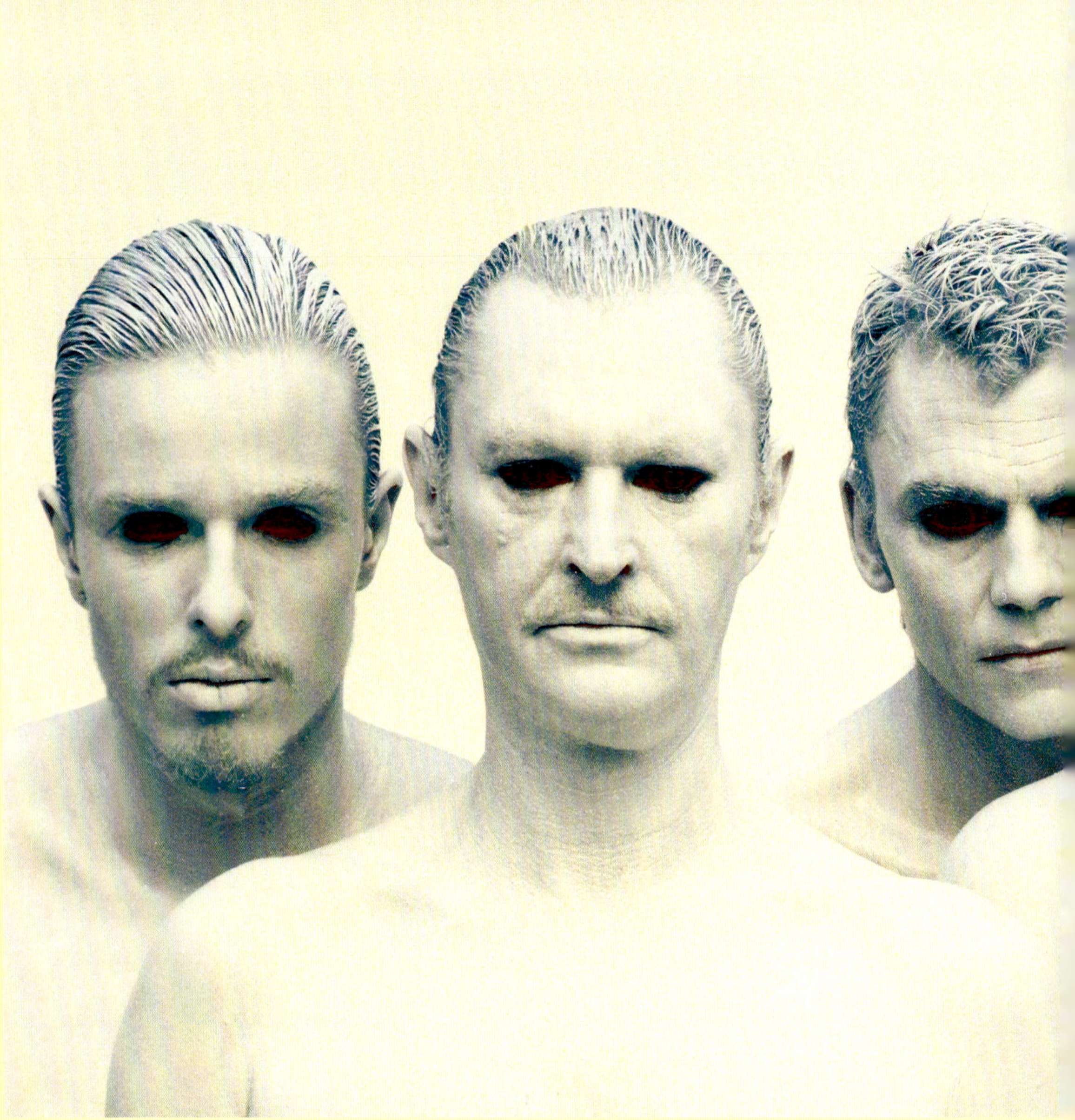

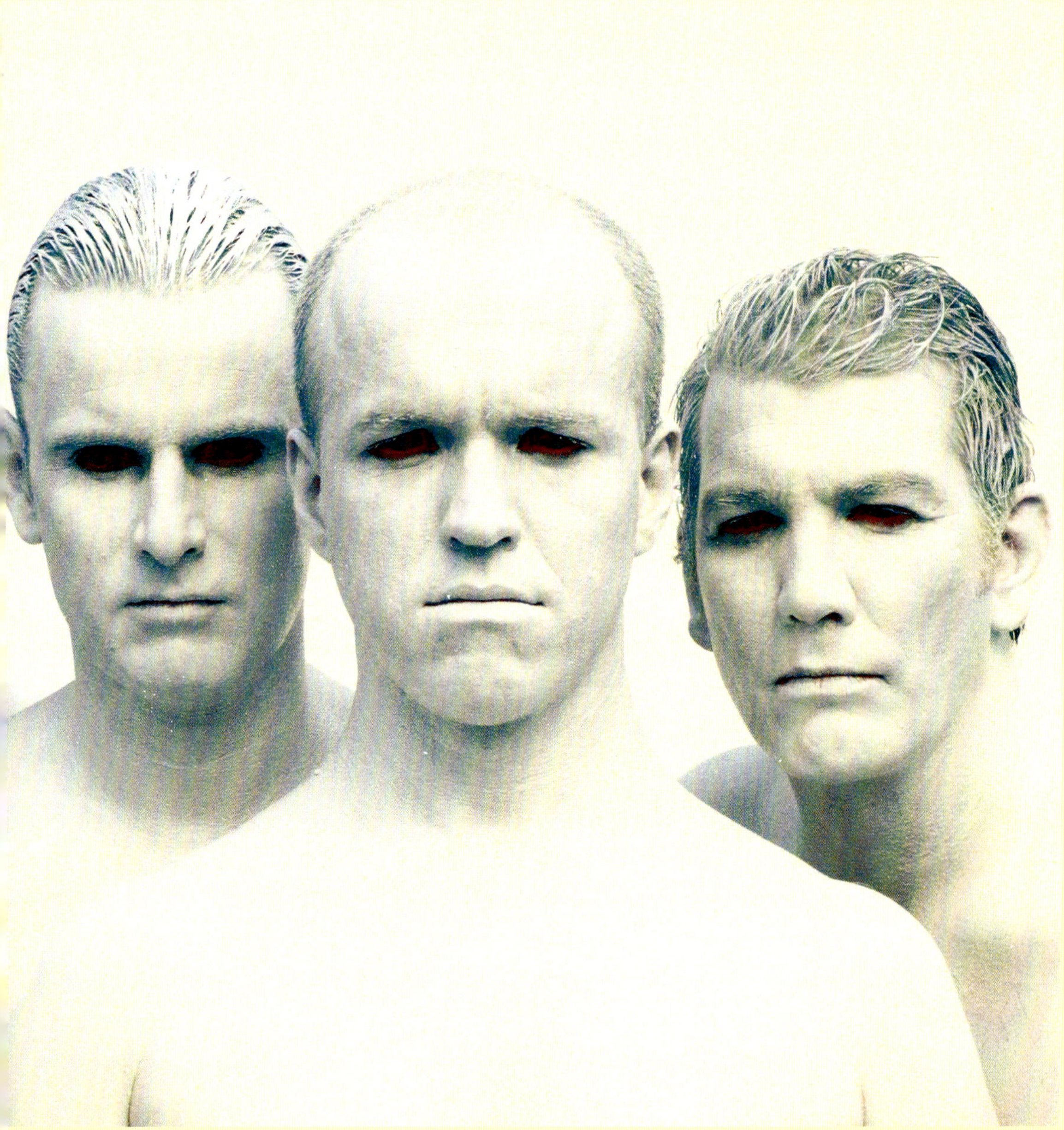

Hinterm Eisernen Vorhang

Zwei Tage nach Garching gings endlich los in den Osten. Wir wurden vor einem Münchener Hotel von einem Reisebus der staatlichen tschechischen Reisegesellschaft »Cedok« abgeholt. Udo Lindenberg und Alla Pugatschova hatten in weiser Voraussicht ihre Teilnahme an dem Konzert in Prag kurzfristig abgesagt. Dafür sollte eine tschechische Gruppe spielen, damit zumindest eine osteuropäische Band vertreten war. So stiegen wir alle in den Bus und saßen mit den »Toten Hosen« und den »Einstürzenden Neubauten« sowie den Technikern und Roadies der Bands im Cedok-Bus. Wie bei meinen Schulausflügen saßen die einzelnen Fraktionen in unterschiedlichen Bereichen des Busses. Die »Neubauten« ganz hinten, dann die »Hosen«, dann Haindling und vorne die Techniker und Begleitpersonen. Unser Begleiter war Dolf, der als Manager natürlich dabei sein musste.
Wir »Haindlings« kannten von den »demokratischen Ländern« nur die DDR und deren Hauptstadt Ostberlin. Dieses Ziel war Pflichtprogramm für jede Schulklasse meines Gymnasiums, und die DDR lernten wir durch die Transitstrecke nach Westberlin fürchten. Wie aber die »Tschechei« sein würde, konnten wir uns nicht vorstellen. Ein Kommilitone, der – zur Durchführung von Kunstdiebstählen, wie sich später herausstellte – regelmäßig nach Prag fuhr, schwärmte mir immer von der Schönheit Prags vor und versuchte mich zum Mitfahren zu überreden. Glücklicherweise hatte ich nie Zeit, denn mitgegangen hätte in diesem Fall mitgehangen bedeutet. Irgendwie hatten wir ein komisches Gefühl, ins »Reich des Bösen« zu fahren, aber wir waren auch sehr neugierig, wie es wohl werden würde. Meine größte Sorge war, dass ich kein sauberes Bett und schlechtes Essen bekommen würde. Ansonsten hatte ich aber keinerlei Vorstellung davon, was mich in der Tschechoslowakei alles erwarten würde.
Wir fuhren in unserem tschechischen Bus durch die Sommerhitze und überquerten bei Waldmünchen die deutsch-tschechoslowakische Grenze. Eine der tschechischen Begleitpersonen wurde vom CSSR-Zoll ins Büro gerufen, und wir sahen durch die Scheiben, dass die beiden eine heftige Diskussion hatten. Die Zöllner nahmen unsere Pässe und musterten sie misstrauisch. Schließlich kam der Begleiter aus dem Büro zurück, setzte sich neben den Busfahrer und bedeutete ihm weiterzufahren. Kaum hatten wir das Zollgelände verlassen, nahm er das Mikrofon und machte eine Durchsage: »Meine Damän und Härän, ich mächte Ihnen mitteilen, dass die tschechische Staatssichärheitsbehördä die Genähmigung für das Fästiväl in Prag aus Sichärheitsgrindän widerrufen hat. Das Festiväl wird stattdessen in Pilzän stattfindän.«

»Wat? Pilsen?«, rief Campino wütend nach vorn. »Isch will nach Prag! Dat war so abjemacht!«
»Tut mir schräcklich leid, mein Härr, wir missen uns an die Weisung der Staatsbehärde halten«, entgegnete unser Begleiter mit versteinerter Miene.
»Scheiße!«, schrie Blixa Bargeld. »Die verarschen uns doch! Wir fahren nach Prag, und damit Schluss!«
»Au backe«, sagte ich zu Dolf. »Das kann ja heiter werden. Zum Schluss fällt das Konzert noch ganz aus.«
»Jetzt wart mal ab, vielleicht ist Pilsen ja viel interessanter als Prag. Außerdem kommt das Pils aus Pilsen, und bestimmt haben die da ein gutes Bier.«
Die Stimmung im Bus beruhigte sich langsam wieder, und wir fuhren durch triste Dörfer, die inmitten einer wunderschönen böhmischen Landschaft lagen, auf der Nationalstraße in Richtung Pilsen. Irgendwann, nach einigen Stunden erreichten wir den Großraum Pilsen.
»Hey Leute, riecht mal, das ist Schwefel«, schrie Percy durch den Bus.
»Scheiße, ey«, schrie Wolli von hinten. »Wollen die uns gleich vergasen! He, macht sofort die Fenster zu, das ist ja lebensgefährlich.«
Der Gestank war wirklich unerträglich, und wir hasteten zu den Schiebefenstern und Dachluken, die wir wegen der Hitze im Bus geöffnet hatten, und warfen sie zu. Der Gestank von draußen nahm spürbar ab, aber dafür stank es jetzt von innen nach Bier, Rauch und Schweiß. Die Temperatur im Bus betrug gut und gerne dreißig Grad, und der Schweiß lief uns nur so über das Gesicht. Irgendwann fuhren wir an riesigen Industriewerken mit Schornsteinen vorbei, aus denen es weißlich gelb rauchte.
»Von Umweltschutz ham die wohl noch nie was gehört«, bemerkte Jürgen kopfschüttelnd. »Schaut's euch mal diese Umweltverschmutzung an, das ist ja der Wahnsinn!«
Wir fuhren an dem Werk vorbei und rollten durch die Stadt. Die Häuser waren alle in einem völlig desolaten Zustand, grau in grau, schäbige Fassaden, alles war schmutzig und sah fürchterlich deprimierend aus.
»So, Charlie, lang lebe der real existierende Sozialismus, da hast du deinen Sozidreck«, machte ich Charlie an.
Charlie war damals überzeugter Sozialist und ein leidenschaftlicher Anhänger der großen Volksgemeinschaft unter Hammer und Sichel.
»Geh Micha«, sagte er beschwichtigend, »das ist alles nicht so schlimm, wie's aussieht. Die Leut gehen bestimmt besser miteinand um als wie bei uns, und wenn du in dei'm Leben nix anders gwohnt bist, nachher weißt ja gar nicht, was dir vielleicht fehlt. Was mir einfach gfällt, das ist

78

die Solidarität, die die Leut im Sozialismus untereinand haben. Und die gibt's, weil's alle gleich sind und weil's keine Klassenunterschiede gibt.«

»Völlige Scheiße, keine Klassenunterschiede?«, schrie Campino von hinten vor. »Das ist doch alles eine verlogene Kacke. Das Volk wird klein gehalten, und die Politbonzen fahren die dicken Autos und fressen mit ihren Weibern in ihren fetten Villen Feinkost von Käfer. Leck mich doch am Arsch mit dieser Scheiße.«

Was von uns keiner wusste, war, dass der nette Begleiter des Busfahrers – wie auch der Busfahrer selbst – Agenten der tschechischen Staatssicherheit waren und unseren Gesprächen aufmerksam zuhörten.

Nach einer Weile kamen wir auf dem Festivalgelände in Pilsen an. Der Auftrittsort war ein Amphitheater, glich aber eher der Freiluftbühne eines Luftkurortes. Die Bühne war relativ klein und passte eher zu einem Kurorchester als zu einem Rockkonzert. Von einer Festivaltauglichkeit dieser Bühne konnte keine Rede sein.

Hinter der Bühne lagen die Garderoben. Wie im Gefängnis reihte sich Tür an Tür, und die Zimmer stanken nach sozialistischem Mief. Überall roch es nach Mottenkugeln und Desinfektionsmittel. Wir quartierten uns gerade in den Garderoben ein, als auf einmal unser Soundingenieur Percy hämisch lachend in die Garderobe kam.

»He, das ist der totale Wahnsinn, so was hab ich ja noch nie gesehen. Da draußen stehen sieben Paar Lautsprecherboxen, und alle Paare sind völlig unterschiedlich. Und das Soundboard müsstet ihr euch mal ansehen. Die ham da draußen nur 24 Kanäle und wollen ein Rockfestival beschallen. Der völlige Wahnsinn! Ich sag's euch gleich, den Gig könnt ihr vergessen. Das ist technisch überhaupt nicht möglich.«

Das Problem war, dass wir unsere eigene Anlage nicht hatten mitnehmen dürfen. Stattdessen mussten wir, wie auf Festivals eigentlich auch üblich, auf einer Fremdanlage spielen. Das war oft eine große Herausforderung für unsere Techniker, weil Haindling aufgrund der mehr als zwanzig verschiedenen Instrumente, die bei einem Konzert zum Einsatz kamen, oft über fünfzig Audiokanäle benötigte, um überhaupt spielen zu können. Percy und Franz Meier, unser grandioser Monitorsoundtechniker, hatten bislang noch jede noch so schwierige technische Herausforderung gemeistert, aber diese hier schien unlösbar zu sein.

»Soll das heißen, dass wir da nicht spielen können?«, fragte Jürgen überrascht.

»Ja, genau das soll's heißen. Wo nichts da ist, da kann nichts rauskommen.«

»Ja, aber wir können doch jetzt nicht absagen. Da draußen stehen bestimmt 10 000 Fans. Die sind von überall aus dem Osten hergekommen und wollen uns hören. Das sind nicht nur Tschechen sondern auch Leute aus der DDR, Ungarn und Polen. Wir können das nicht absagen, sonst gibt's Randale«, warf Dolf besorgt ein.

»Find ich auch«, bemerkte ich. »Wenn's nicht live geht, dann spielen wir halt ein Playback.«

»Wie soll'n wir denn Playback spielen und was?«, wollte Jürgen wissen.

»Ich hab ein paar Haindling-Tapes dabei«, erklärte Percy. »Da suchen wir uns einfach ein paar Titel aus und spielen die. Wir sollen ja sowieso nicht länger spielen als eine halbe Stunde. Das kriegen wir schon hin.«

»Dreißig Minuten Playback«, wunderte sich Jürgen. »Meinst nicht, dass d'Leut das merken?«

»Kann schon sein, aber was willst du denn machen?«, fragte Dolf.

»Ok, dann spielen wir halt Playback«, entschied Jürgen. »Das ist besser als wieder heimfahren, ohne dass wir gspielt ham.«

Während wir in unseren Garderoben die Stücke diskutierten, die wir spielen würden, gingen die »Toten Hosen« auf die Bühne und eröffneten das Konzert. Was wir bis dahin nicht wussten, war, dass die »Hosen« trotz der rudimentären Technik live spielen konnten, weil sie weniger Kanäle benötigten als wir.

Die »Hosen« legten los, und sofort ging draußen die Post ab. Nicht »Pogo in Togo«, sondern Pogo in Pilsen war Campinos Devise.

»He, Leute«, rief Rainer, der als Düsseldorfer ein großer »Hosen«-Fan war, »kommt mal auf die Bühne und schaut euch an, was da los ist. Das ist der totale Wahnsinn.«

Wir rannten alle aus unseren Garderoben und stiegen zur Bühne hinauf. Campino war in Bestform und heizte den Fans mächtig ein. Das Publikum bestand aus Menschen der verschiedensten Länder des Ostblocks, aber irgendwie schauten sie alle gleich aus. Sie waren total durchgestylt – als Punks, Skas, New Waver und was immer sonst so angesagt war. Selbst die »Neubauten«-Gothic-Fraktion war unter dem Publikum auszumachen. Irgendwie schauten die Leute genauso aus wie beim Konzert in Garching. Man hatte fast den Eindruck, dass das deutsche Publikum – außer unseren Fans – uns nachgereist war. Die Stimmung war wirklich grandios, und die Leute hatten einen Riesenspaß. Sie waren glücklich und wild und genossen die Show der »Toten Hosen«.

Die Party war in vollem Gange, als auf einmal verschiedene Männer durch die Arena liefen und die Fans aufforderten, sich auf die Bänke zu setzen. Für uns war es nicht nachzuvollziehen, warum die Leute nicht Party haben durften, aber wie wir gleich merken sollten, liefen die Uhren hier anders. Als Campino sah, was auf den Rängen passierte, pöbelte er die »Ordner« von der Bühne herunter an und forderte sie in Englisch auf, die Leute in Ruhe zu lassen. Dies nahmen

die Fans zum Anlass, sich von der Staatsmacht nicht einschüchtern zu lassen, und sie ließen erst recht die Sau raus. Das »Hosen«-Set ging zu Ende, und die Band wurde unter tosendem Beifall von der Bühne gelassen. Als nächster Act war eine tschechische Band an der Reihe. Wir konnten natürlich nicht wissen, dass die Band bzw. deren Leadsänger ein als regimefreundlich bekannter Künstler und bei den anwesenden Fans entsprechend verhasst war. Während wir zurück in die Garderoben gingen, um uns umzuziehen und auf unseren Auftritt vorzubereiten, begann die tschechische Band mit ihrem Konzert. Wir hatten uns gerade in unsere Vorbereitungen vertieft, als von draußen plötzlich wütendes Geschrei, Pfeifen und Buhen zu hören waren.
Auf einmal kam Dolf zu uns nach hinten gerannt und rief: »Jungs, da draußen geht's total ab. Die Leute schmeißen Bierdosen und Steine nach der Band und auf die Bühne.«
»Wieso denn das«, wollte ich wissen.
»Weiß ich auch nicht, aber vielleicht liegt's daran, dass die auch ein Vollplayback spielen und nicht live wie die ›Toten Hosen‹.«
»Du, weißt was ich dir sag, Dolf«, entgegnete Jürgen zaghaft, »wenn die da draußen so drauf sind, dann mag ich aber nicht auf d' Bühne gehn.«
»Ich auch nicht«, pflichtete Charlie bei. »Ich lass mir doch nicht meine Rübe von den Deppen da draußen wegschießen.«
»Jetzt regt euch mal ab«, bestimmte Dolf. »Vielleicht liegt's ja auch nur an dem schwuchteligen Sänger da draußen. Vielleicht können's den einfach nicht leiden.«
Dolf hatte völlig recht. Wie sich später herausstellte, konnten vor allem die Tschechen unter den Fans den Sänger tatsächlich nicht leiden, weil er ein bekannter Apparatschik war. Es hieß auch,

dass er allein wegen seiner politischen Linientreue und Parteimitgliedschaft zu künstlerischen »Ehren« gelangt sei, die ihm aufgrund seiner musikalischen Leistungen wohl verwehrt geblieben wären. Aus diesem Grund wollten ihn die Leute von der Bühne vertreiben und bewarfen ihn mit Steinen und Bierdosen.

Prompt dauerte es nicht lange, bis die Polizei mit Gummiknüppeln und deutschen Schäferhunden in die Arena stürmte und die Leute auf ihre Plätze zurückbeorderte. Auf einmal entstand eine gespannte Stille, und eine bedrohliche Aggression und Spannung lag in der Luft. Jeder konnte spüren, wie explosiv die Stimmung war.

»Los, kommt zur Bühne, wir sollen sofort auftreten, die Tschechen können nicht mehr weiterspielen«, rief Dolf aufgeregt. Percy griff sich die drei Kassetten, die er fürs Playback vorbereitet hatte, und rannte nach draußen zum »Soundboard«. Die Tschechen taumelten hektisch an uns vorbei und suchten Schutz in den Garderobenräumen. Wir gingen auf die Bühne hinaus, und irgendwie hatte ich ein mulmiges Gefühl. So unwohl hatte ich mich noch nie bei einem Auftritt gefühlt. An den Banden der runden Arena standen im Fünfmeterabstand Polizisten mit ihren Schäferhunden und hielten die Fans auf den Tribünen in Schach. Unter das Publikum in der Arena hatten sich Zivilpolizisten von der Staatssicherheit gemischt, die von der Bühne aus sofort identifiziert werden konnten. Es herrschte verordnete Ruhe. Angesichts einer derart geballten Machtdemonstration des staatlichen Unterdrückungsapparates war unter den Fans keine Stimmung zu erzeugen. Percy spielte das Band ab, und wir mimten, so gut wir konnten, den leidenschaftlichen Musiker. Ich weiß nicht, ob irgendjemand im Publikum gemerkt hat, dass wir nicht wirklich – oder nur sehr leise »vor uns hin spielten«. Aber selbst wenn die Leute es gemerkt hätten, hätte sich keiner getraut, irgendetwas zu werfen oder uns auszubuhen. Wir rissen unsere dreißig Minuten herunter, und Jürgen bemühte sich, beste Miene zum schlechten Spiel zu machen. Das Publikum war ziemlich indifferent, klatschte aber höflich nach jedem Stück.

Wir waren sehr erleichtert, als die Tortur endlich vorbei war, und liefen zurück in den Garderobenbereich. Als wir am Treppenansatz der Bühnentreppe standen, sahen wir, dass hinter der Bühne in der Garderobe das vollständige Chaos ausgebrochen war. Die Cateringmädels rannten schreiend und weinend durch die Räume, Campino schrie wie am Spieß »Ihr Faschistensäue, Ihr Nazis, verpisst euch! Raus aus meiner Garderobe!«, und der Bodyguard von Blixa Bargeld rang mit einem Milizionär.

»Was ist denn hier los?«, schrie ich in die Garderobe der »Hosen«.

»Faschistensäue, Schweine, die sind ja schlimmer als die Nazis«, krakeelte mir Knuddel entgegen. Irgendeiner aus der »Neubauten«-Crew rannte mit blutendem Kopf an uns vorbei, und überall wimmelte es von Polizisten in Uniform und in Zivil, die durcheinanderliefen und herumbrüllten.

»Raus, alle sofort raus!«, schrie ein tschechischer Sicherheitsagent. »Bitte nähmän Sie Ihr Gepäck und gähän Sie sofort zurück in den Bus! Sofort! Das Konzärt ist beändet!«

»Los, Leute«, rief Dolf, »schnappt eure Sachen und macht, dass ihr hier rauskommt, sonst kriegt ihr vielleicht auch noch eins übergezogen.«

»So eine Scheiße!«, fluchte Rainer vor sich hin. »Das ist ja der reinste Gulag!«

Wir schnappten unsere Koffer und trabten aus der Garderobe in Richtung Bus. Als wir aus dem Gebäude kamen, tobte vor unseren Augen das Chaos. Wir wurden Zeugen einer riesigen Schlägerei zwischen den Fans in der Arena und der Staatssicherheit. Es war das größte Handgemenge, das ich in meinem Leben je gesehen hatte. Es war wie eine Rebellion. Die Fans schrien wild durcheinander und skandierten immer wieder »Neubauten, Neubauten, Neubauten, Neubauten«. Hunderte von Milizionären droschen derweil mit Gummiknüppeln wahllos auf die Menge ein und schlugen die Menschen brutal zusammen. Lastwagen fuhren vor, von deren Pritschen weitere Polizisten mit Hunden und Schlagstöcken sprangen und wahllos Menschen an den Haaren und Beinen packten und sie mit äußerster Brutalität in die Lastwagen zerrten, um sie dort einzusperren.

Wie wir erst später erfuhren, hatten die »Toten Hosen« mit ein paar ostdeutschen Punks hinter der Garderobe gefeiert, während wir auf der Bühne unser Playback spielten. Irgendwie muss es dabei sehr wild zugegangen sein, und einer der ostdeutschen Punks fiel rücklings durch eine Glastür. Da er eine Lederjacke trug, ist dem Punk nichts passiert, aber die Tür ging zu Bruch. Durch das Klirren der Scheibe wurde ein Milizionär aufmerksam, und er ging in die Garderobe um zu nachschauen, was passiert war. Als er im Gang vor dem Garderobenraum der »Hosen« angekommen war, schlug ihm Blixa Bargelds Bodyguard, der völlig zugesoffen war, seine Krücke ins Gesicht. Das Ding muss den armen Polizisten ziemlich schwer verletzt haben, sodass er blutend nach draußen lief und Hilfe holte. Sekunden später sollen drei Dutzend Milizionäre die Garderobe gestürmt und wahllos alle niedergeknüppelt haben, die sich dort aufhielten. Dabei machten sie offensichtlich keinen Unterschied zwischen den Musikern, Roadies oder anderen Menschen, die hinter der Bühne in den Garderoben waren. Sogar die Frauen schlugen sie brutal zusammen.

Wir flohen in unseren Bus und verfolgten von innen die apokalyptische Szene mit großer Besorgnis und Angst. Der kommunistische Staatsapparat zeigte die Zähne, und man konnte sich

84

85

endlich vorstellen, wie katastrophal es in den »demokratischen« Ländern um die Menschenrechte bestellt war. Eine Horde von mehr als hundert Punks rannte auf unseren Bus zu, da einer von ihnen Blixa Bargeld und die restlichen »Neubauten« im Bus ausgemacht hatten. »Neubauten, Neubauten, Neubauten, Neubauten.« Sie schrien sich die Seele aus dem Leib und umstellten den Bus. Plötzlich fing das Fahrzeug heftig an zu wackeln. Eine Gruppe Punks hatte sich an der rechten Seite des Busses aufgestellt und brachte ihn durch rhythmisches Schaukeln bedrohlich ins Wanken. »Neubauten, Neubauten, Neubauten, Neubauten.« Der Bus schwankte heftig in seinen Federn, und wir wurden wie auf einem in schwerer See herumschlingernden Segelschiff von links nach rechts geschleudert.

Wir schrien: »Aufhören! Aufhören! So hört doch auf!«, aber das Schaukeln ging unvermindert weiter. Uns schien es, als würde der Bus jeden Augenblick umstürzen, als vor unseren Fenstern ein Heer von Schlagstöcken durch die Luft sauste und auf die Köpfe und Körper der Punks niederprasselte. Die Waffen verfehlten ihre Wirkung nicht. Einigen der Punks platzte die Kopfhaut, und das Blut spritzte und floss ihnen übers Gesicht. Einige brachen schreiend zusammen und blieben liegen, worauf sie von der Miliz in die bereitstehenden Lastwagen gezerrt wurden. Wer Widerstand leistete, wurde so lange verprügelt, bis er aufgab oder zusammenbrach. Die Miliz löste das Menschenknäuel vor unserem Bus mit äußerster Brutalität binnen weniger Minuten auf und räumte den Parkplatz rund um den Bus. Überall wieselten Sicherheitsbeamte mit Hunden herum, die hysterisch bellten und wütend auf die Leute losgehen wollten.

Während des Handgemenges in der Garderobe und kurz nach unserem Abgang von der Bühne war offenbar einer der Funktionäre auf die Bühne gegangen und hatte den Auftritt der »Einstürzenden Neubauten« kurzerhand »aus Sicherheitsgründen« abgesagt. Dies hatte die Fans der »Neubauten« derart erbost, dass sie ihrem ohnehin schon angestauten Frust freien Lauf ließen und randalierten. Um die Unruhen niederzuschlagen, alarmierte die tschechische Staatssicherheit die in der Nähe des Amphitheaters stationierte Miliz. Hunderte von Menschen wurden verletzt und ebenso viele wurden mit Lastwagen in das Pilsener Gefängnis verfrachtet, wo sie erkennungsdienstlich behandelt und noch eine Weile festgehalten wurden.

Alle Musiker und sonstigen »Gäste«, die mit uns gekommen waren, saßen mittlerweile im Bus. Die »Neubauten« wieder ganz hinten, dann die »Hosen« und dann wir. Der Busfahrer und der Staatssicherheitsagent, der uns schon auf der Hinfahrt bespitzelt hatte, saßen vorn auf ihren Plätzen und warteten auf den Befehl des Einsatzleiters zur Abfahrt.

»Was geht jetzt ab?«, wollte einer von den »Hosen« wissen. »Hey Busfahrer, wo fahren wir jetzt hin?«

»Ich habä die Anordnung, Sie an die tschächische Gränza zu fahrän und Sie dort abzusätzän«, plärrte der Busfahrer in sein Mikrofon.

»Ihr Scheißfaschisten, du Nazi«, schrie Campino jetzt wie von Sinnen. »Los, Leute, wir machen den Busfahrer fertig und zünden den Scheißbus an!«, kreischte er weiter und schnellte von seinem Sitz auf. Der Busfahrer und der Spitzel sprangen in Panik aus dem Bus und rannten auf einen Polizeiposten zu. Der Fahrer war außer sich und gestikulierte wild mit den Armen herum. Der Diensthabende nahm sein Walkie-Talkie, und keine Minute später rannten vier mit Maschinenpistolen bewaffnete Polizisten auf unseren Bus zu. Sie stiegen zur Vordertür in den Bus ein und gingen mit martialischer Miene hintereinander den Mittelgang entlang bis nach hinten. Keiner von uns wagte auch nur einen Mucks zu machen. Wir saßen da wie die Pennäler, ein jeder still auf seinem Platz, und taten so, als wären wir gar nicht da. Selbst Campino war auf einmal so nüchtern, dass er sich wieder völlig unter Kontrolle hatte. Die Polizisten gingen schließlich nach vorn und setzten sich als Personenschutz für den Busfahrer und den Spitzel links und rechts in unseren Bus.

»Des wird a schöne Fahrt wern, mit dene Deppen da herin«, maulte Roald vor sich hin.

»Still, Roald«, raunte ihm Jürgen zu, »Ich mag nicht auch noch einen Gummiknüppl abkriegen.«

Der Busfahrer startete den Motor, und wir sahen, wie zwei Skoda-Polizeiwagen, einer vorn, der andere hinten, den Bus eskortierten. Die Stimmung war auf dem absoluten Tiefpunkt. Wir waren hungrig und durstig. Denn in der Eile hatten wir nichts mehr vom Catering mitnehmen können. Es gab nichts zu trinken und nichts zu essen, und wir waren völlig fertig von dem brutalen Spektakel, dem wir gerade entronnen waren. Der Bus fuhr wieder an dem stinkenden Werk vorbei, aber diesmal hatte keiner die Kraft, aufzustehen und die Fenster zu schießen, um uns vor dem beißenden Schwefelgestank zu schützen.

Es war mittlerweile stockdunkel, und ich war in meinem Sitz eingeschlafen. »He, Micha, aufwachen, wir sind kurz vor der Grenze«, flüsterte Rainer mir ins Ohr und schüttelte mich wach.

»Grenze? Welche Grenze?«, stammelte ich.

»Die tschechische Grenze, sicherlich nicht die deutsche.«

Ich war sofort hellwach und schaute mich im Bus um. Die »Hosen« und die »Neubauten« schliefen, doch unsere Haindling-Jungs waren alle hellwach.

»Leute«, sagte ich leise, »in dem Kaff von Waldmünchen gibt's bestimmt nur zwei oder drei Taxis, wenn überhaupt. Wir schauen jetzt, dass wir am tschechischen Zoll unser Gepäck kriegen, und dann gehen wir so schnell wir können durchs Niemandsland und greifen uns am deutschen Zoll die Taxis, damit wir heute Nacht noch heimkommen.«

»Gute Idee, Micha, das machen wir«, bestätigte Dolf meinen Vorschlag. Dolf hatte zu Beginn der Fahrt unsere Pässe dem Spitzel gegeben. Als wir an der tschechischen Zollstation ankamen, sprang er gleich aus dem Bus und eilte in das Büro des Zollhauses. Etwa fünf Minuten später kam der Spitzel mit einem Hünen von Zollbeamten in den Bus zurück. Ich fasste mir ein Herz und ging auf den Zollbeamten zu.

»Guten Abend«, sagte ich freundlich, »mein Name ist Michael Braun von der Gruppe Haindling, ich hätte gern unsere Pässe wieder, denn wir möchten sofort zum deutschen Zoll hinübergehen.«

»Ah, där Härr Braun, Michael Braun, von där Gruppä Haindling. Ich weiß Bescheid. Da sind dann noch die Härrän Buchner, Raschner, Kürvers, Enderlein, Hartmann, Rönnberg, Meier und noch mal Braun, Heinz-Josef.« Er kannte unsere Namen auswendig und musste kein einziges Mal in die Pässe schauen. »Ich bin darübär informiert, dass Sie mit den Ausschreitungen nichts zu tun habän, Sie kännan gehen«, sagte er mit bestimmtem Ton und drückte mir die Pässe in die Hand. Wir schlichen uns aus dem Bus und holten unser Gepäck aus dem Kofferraum.

Als wir gerade auf die tschechische Zollschranke zugingen, schrie einer aus dem Bus: »Hey, ihr Haindlings, halt, stehen bleiben, keiner rührt sich hier vom Fleck. Kommt zurück in den Bus und solidarisiert euch mit unserem Sitzstreik. Wir lassen uns doch von diesen Faschisten nicht verarschen. Wenn die uns schon rausschmeißen wollen aus ihrem Land, dann müssen sie uns über die Grenze nach Deutschland fahren. Ansonsten bleiben wir im Bus. Also los, kommt gefälligst zurück!«

Es war Campino, der auf seinem Sitz stand und aus dem halb geöffneten Schiebefenster in die Nacht hinaus plärrte.

»Macht's ihr nur euern Sitzstreik«, rief Jürgen, »mir pack ma's!«

Wir gingen, beladen mit unserem Gepäck, an der Zollstation vorbei in Richtung deutsche Grenze und trotteten auf der völlig ruhigen Strasse durch das nächtliche Niemandsland. Der inzwischen aufgegangene Neumond tauchte die Straße in fahles Licht, und in der Ferne waren die Gipfel der Berge des Bayerischen Waldes zu erkennen. Es schien, als sei der Wald, durch den wir kamen, völlig ausgestorben. Nach etwa einer Viertelstunde sahen wir vor uns die Lichter der deutschen Zollstation leuchten. Wir kamen rasch näher und sahen, wie schon zwei Grenzpolizisten in der Dunkelheit auf uns warteten. Ich ging etwa zwanzig Meter vor dem Rest der Gruppe und kam als Erster am Zollhaus an.

»Guten Abend, meine Herren, die Gruppe Haindling meldet sich zurück in der Demokratie«, grüßte ich die Zöllner erleichtert.

»Hat's etz es diejenigen, die in der Tschechei verhaft worn han?«, fragte einer der Zöllner lachend.

Obwohl ich den bayerischen Dialekt gut beherrsche, musste ich einen Moment überlegen, was der Mann in seinem waldlerischen Idiom gemeint hatte.

»Verhaftet würde ich jetzt nicht sagen, abgeschoben wäre vielleicht das bessere Wort«, entgegnete ich.

»Und habt's den RAFler, den Blixa Bargeld, a dabei?«, wollte der andere wissen.

»Nicht bei uns, aber im Bus war er schon dabei, der kommt wahrscheinlich in Kürze nach. Sagen Sie, können Sie uns bitte drei Taxis rufen«, wollte ich wissen.

»Können wir machn, wenn überhaupt noch welche da sind, s'is ja scho zwei in der Fruah«, erwiderte der Jüngere der beiden.

Die Taxen kamen eine Viertelstunde später und fuhren uns nach München. Wie ich auf der Fahrt erfahren konnte, gab's in Waldmünchen tatsächlich nur drei verfügbare Taxen in dieser Nacht. Zweieinhalb Stunden und zweihundertsiebzig Mark später kamen wir völlig erschöpft, aber sicher in München an.

Zwei Tage später rief Dolf mich an. »He, Micha, hier ist der Dolf. Stell dir vor, ich habe gerade erfahren, dass die ›Hosen‹ und die ›Neubauten‹ nach ihrem Sitzstreik im Bus wegen Widerstands gegen die Staatsgewalt bis um 16.00 Uhr des nächsten Tages am tschechischen Zoll festgehalten worden sind.«

»Siehst du, Dolf«, erwiderte ich schmunzelnd, »und wenn unser Erzkommunist Charlie auf der Hinfahrt im Bus nicht so ein glühendes Loblied auf den real existierenden Sozialismus gesungen hätte, glaub mir, die Tschechen hätten uns wahrscheinlich auch was angehängt und uns gleich mit dabehalten. Das eine sage ich dir, nie wieder in meinem ganzen Leben werde ich auch nur einen einzigen Schritt in dieses Land tun. Sollte also noch irgendeine Anfrage über ein Konzert im Osten bei dir eingehen, dann weißt du, was du zu tun hast.«

Dass ich keine sieben Jahre später für zwei Jahre freiwillig nach Prag ziehen würde, hätte ich mir damals nicht träumen lassen.

Beim Aids-Test

Wir waren auf dem Weg nach Frankfurt, wo wir in der Alten Oper ein Konzert geben sollten. Ich dachte an meinen Bruder Wolfgang alias »Karl« oder »Wölfi«. Wolfgang promovierte zu dieser Zeit am Frankfurter Paul-Ehrlich-Institut und forschte an einem Früherkennungstest für Aids. Aus diesem Grund wusste er nicht nur bestens Bescheid über diese heimtückische Krankheit, sondern hatte auch Zugang zu Aids-Tests. Da wir in Kürze bald in Frankfurt eintreffen würden, kam mir die Idee, die Truppe einem Aids-Test zu unterziehen. Ich saß im Fonds unseres Siebener-BMWs, und wir befanden uns kurz vor dem Frankfurter Kreuz, als ich plötzlich schallend lachen musste.

»Warum lachst denn«, fragte Jürgen neugierig.

»Ach, ich hab grad an meinen Bruder gedacht, und dann ist mir so ein blöder Spruch eingefallen, den mir der Robert Lembke bei einer TV-Show irgendwann einmal reingedrückt hat«, erwiderte ich.

»Und wie ist der gegangen?«, bohrte Jürgen nach.

»Na ja, er hat gesagt: »Du, woaßt, was i dir sag: Lieber an Aids von der Tina Turner als an Tripper von der Ernie Singerl!«

Roald, der zusammen mit Dolf mit uns im Auto saß, musste so herzhaft lachen, dass er fast an der Buttermilch erstickte, die er gerade trinken wollte.

»Ah, jetzt versteh i«, sagte Jürgen lachend. »Magst einen Aids-Test bei deinem Bruder machen?«

»Ja, warum denn nicht, wenn wir schon in Frankfurt sind. Ich ruf ihn gleich mal an.« Ich nahm mein Handy und wählte Wolfgangs Labornummer. »He Karl, kann ich heute mit der Gang bei dir vorbeikommen zum Aids-Test?«

»Wie viele seid ihr denn?«, fragte er zurück.

»Ich weiß nicht genau, aber wenn ich so recht überlege, hätten wir's eigentlich alle bitter nötig.«

»Kein Problem!«, hörte ich seine lachende Stimme. »Bring halt mit, wen du willst. Das kriegen wir schon hin.«

Später, beim Einchecken ins Hotel fragte ich in die Runde, wer glaubte, einen Test nötig zu haben. Jürgen lachte verschmitzt und sagte: »Du, Micha, bei dem Thema fällt mir grad ein altes Soldatenliedl ein. Kennst das?

*Leck mich am Arsch, Marie,
so was vergisst man nie,
hab mir vor Moskau die Pfeife verbrannt,
alles fürs Vaterland.«*

»Wunderbar, erste Sahne, aber jetzt sag mir lieber, kommst mit?«, fragte ich ihn ungeduldig. »Nein, ich mag nicht, und außerdem war ich noch nie in Russland! Aber ihr, ihr solltet schon mal gehn, sicher is sicher!«

Nach einigen Diskussionen mit dem Rest der Band meldeten sich schließlich Dolf, Rainer und Percy. Die anderen winkten dankend ab und gaben vor, keine Zeit zu haben.

Wir fuhren also nach Sachsenhausen und begaben uns ins Paul-Ehrlich-Institut. Mein Bruder empfing uns begeistert in seinem weißen Laborkittel. »Hallo Jungs, schön dass ihr da seid. Jetzt kommt die Stunde der Wahrheit. Wer von euch will der Erste sein?«

Ich meldete mich aus Gründen der Vertrauensbildung zuerst. Nach längerem Hin und Her meldete sich auch Rainer. Wolfgang wetzte die Nadel und nahm Rainer fachmännisch Blut ab. Als Nächster war Dolf an der Reihe. Mit gelassener Miene ließ er sich von Wolfgang in die Vene stechen und eine Blutprobe abnehmen.

Aus irgendeinem Grund hatte Wolfgang keine Zeit mehr, auch Percy anzuzapfen. Deshalb sagte er zu seinem Kollegen, der ebenfalls im Raum war: »Bitte übernimmmal, Bernhard, ich kann grad nicht.«

»Koi Probläm, i mach scho«, schwäbelte dieser zurück. Bernhard war ebenfalls Virologe, hatte aber offensichtlich noch nicht so viel Erfahrung im Blutabnehmen wie Wolfgang. Augenscheinlich hatte er auch etwas weniger Fingerspitzengefühl als mein Bruder. Percy war zweifellos der Stärkste von uns Vieren, und als ehemaliger Ausbilder bei der Bundeswehr war er sicherlich auch nicht besonders zart besaitet. Bernhard nahm also die Nadel und stach Percy in den Arm – dorthin, wo er die Vene vermutete. Aus irgendeinem Grunde konnte er Percys Vene aber nicht finden und stach daneben ins Fleisch. Weil's nicht klappte, zog er sie heraus und stach gleich nochmal zu.

»Autsch, au, aaah, oooh«, ertönte plötzlich ein klägliches Stöhnen und Jammern. Ich blickte auf und sah, wie Percy mit schmerzverzerrtem Gesicht im Stuhl kauerte. Ich selbst hatte den Vorgang zuerst gar nicht mitbekommen. Bernhard, der das Gemüt eines oberschwäbischen Kopfschlächters hatte, ließ sich von Percys Wehklagen in keiner Weise beeinflussen. Er rammte die Nadel erneut in Percys Fleisch und rührte so lange in dem Arm herum, bis er endlich auf die

Vene stieß. »Na also, klappt doch«, bemerkte er anerkennend. Percy hingegen wurde kreidebleich, sackte in sich zusammen und kollabierte auf seinem Stuhl. Bernhards fachmännischer Eingriff nahm ihn derart mit, dass ihm die Sinne schwanden. Er sank zu Boden und lag zuckend auf dem Rücken. Dabei erinnerte mich Percy an einen großen Maikäfer, den böswillige Kinder aufs Kreuz gelegt hatten. Ich eilte gleich herbei, leistete Erste Hilfe und nahm Percys Beine hoch, damit sein Kreislauf wieder in Schwung kommen konnte. Nach ein paar Sekunden kam er tatsächlich wieder zu sich.

Nachdem wir uns alle von dem Schock erholt hatten und wieder fit waren, machte Wolfgang mit uns noch eine Laborführung. Im Stall der Versuchstiere retteten wir eine Labormaus vor dem sicheren Aids-Tod. Wir nannten sie »Aida«. Aida war eine hübsche weiße Maus, die wir in einem kleinen Käfig auf dem Armaturenbrett unseres BMW unterbrachten. Da sie der Glücksbringer für unsere Tournee sein sollte, bekam sie diesen Ehrenplatz und durfte uns bis zum Ende der Tournee begleiten. Anschließend genoss sie ihren wohlverdienten Ruhestand als Tourneemaus in der Obhut von Dolf, wo sie über ein Jahr später das Zeitliche segnete.

Die folgende Woche nach unserem Aids-Test zerrte sehr an unseren Nerven. Wir alle hatten uns zwar nicht wirklich etwas vorzuwerfen, aber irgendwie waren wir uns nicht ganz sicher, ob damals bei dem ONS ... nach dem Konzert in Dingenskirchen ... nicht vielleicht doch ... Irgendwie waren wir sehr nervös und wollten eigentlich gar nicht wissen, was wirklich bei dem Test herauskommen würde.

Nach rund einer Woche kam endlich der Anruf von meinem Bruder. »Hi Karl (der Einfachheit halber nannten wir uns gegenseitig Karl), ich bin's. Ich hab die Ergebnisse.«

»Und«, fragte ich ungeduldig.

»Alle viere positiv«, konstatierte er trocken.

Mir rutschte das Herz in die Hose. »Wie? Alle viere positiv?«, fragte ich schockiert.

»Ja, ihr alle habt ein positives Ergebnis, ihr seid nämlich alle negativ.« Ich hörte das vergnügte Glucksen am anderen Ende der Leitung.

»Du Arsch«, kläffte ich ihn an, »kannst du das nicht gleich richtig sagen. Ich hätte mir fast in die Hosen gmacht!«

»War doch nur ein kleiner Scherz«, beschwichtigte er.

»Na Gott sei Dank«, sagte ich, »das muss ich jetzt gleich den Jungs melden.«

Wir waren gerade in einer Halle beim Soundcheck, und alle waren auf der Bühne, nur Percy saß hinter seinem Pult und maß Frequenzen ein.

»Hey Leute, das Ergebnis vom Aids-Test ist da.«

»Und?«, rief Rainer hinter dem Keyboard-Stack hervor.

»Alle positiv!«

»Was? Mach doch kein Quatsch?«, rief Dolf beunruhigt auf die Bühne herauf.

»Naa, naa, passt schon, alle negativ, ihr könnt beruhigt weiterschnackseln!«

»Hab ich mir doch gleich gedacht«, stellte Percy betont cool fest und ließ einen Wilhelm Busch würdigen Reim folgen, den er durch sein Talkback auf der Bühne vortrug: »Beim Schnackseln nie ein was eingefangen – doch beim Aids-Test beinah draufgegangen!«

Reiner Blütenstaub

Ende der Achtzigerjahre waren wir wieder einmal auf Herbsttournee und spielten unter anderem im »PC 69«, einem damals sehr angesagten Club in Bielefeld. Da wir schon einigermaßen weit im Norden waren, mussten wir den »Off-day«, das heißt den freien Tag vor unserem Bielefelder Konzert, in der Stadt verbringen. »Off-days« sind eigentlich dazu gedacht, dass sich die Musiker vom Tourneestress erholen, faulenzen, Sport treiben oder was auch immer. Bei Haindling waren »Off-days« meist anstrengender als die Konzerttage, da sich an solchen Tagen der Tag-Nacht-Rhythmus meist verschob. Da wir nicht reisen mussten, schliefen wir oft bis in den späten Nachmittag, frühstückten frühabends und machten die Nacht zum Tage. Mittagessen gab's dann oft um Mitternacht – wenn wir so spät überhaupt noch etwas zu essen bekamen. Falls nicht, dann musste eben die Minibar dran glauben. Besonders Roald, Charlie und Peter waren absolut nachtaktiv, weshalb die berühmten Minibarpartys oft von Mitternacht bis 7.00 oder 8.00 Uhr am nächsten Morgen dauern konnten.

Jürgen hatte in der Nähe von Bielefeld Verwandtschaft, die sich das Konzert im »PC 69« unbedingt anhören wollte. Da er deshalb zum Konzert besonders fit sein wollte, beschloss er, von der üblichen »Off-Day«-Routine abzuweichen. Er stand relativ früh auf und fuhr am frühen Nachmittag mit seinem neuen Auto los, um seine Verwandtschaft in einem benachbarten Ort zu besuchen. Als Jürgen so auf der Landstraße fuhr, sah er drei junge Punkerinnen, die trampten und offensichtlich in die gleiche Richtung fahren wollten, in die er unterwegs war. Er hielt an, man verständigte sich über das Fahrziel, und die drei nahmen auf der Rückbank Platz.

»Ey Alter, geile Karre, gehört die dir«, fragte Punkerin Nummer eins.

»Ja, klar«, antwortete Jürgen stolz.
»Kostet bestimmt 'nen Haufn Kohle, wa«, fragte sie weiter.
»Ja, scho«, meinte Jürgen.
»Wat machste denn beruflich?«, wollte sie wissen.
»I bin Musiker«, antwortet Jürgen.
»Echt, is ja geil. Und wat machste dann in unserer Gegend?«
»I hob morgn an Gig«, erwiderte Jürgen.
»Echt, is ja geil, wo denn«, mischte sich nun Punkerin Nummer zwei ins Gespräch.
»Im ›PC 69‹ in Bielefeld, mögt's kemma?«
»Wie?«, fragte Punkerin Nummer zwei verständnislos.
»Wollt ihr zu unserem Konzert kommen?«, wiederholte Jürgen die Einladung in seinem besten Hochdeutsch.
»Ja gern, super«, erwiderte Punkerin Nummer zwei.
»O.k., dann setz i euch auf d'Gästelistn. Dann müsst's nur zur Kasse gehn und sagen, dass i euch auf d'Gästelistn gsetzt hab.«
»O.k., geil, mach'n wir«, bestätigte Punkerin Nummer eins und kramte Papers aus ihrer Tasche.
Jürgen beobachtete Nummer eins durch den Rückspiegel und fragte: »Draht's oan?«
»Wat?«, fragte Nummer eins, wiederum verständnislos.
»Draht's an Joint?« verdeutlichte Jürgen seine Rede.
»Ja, klar«, entgegnet Nummer eins.
Darauf wieder Jürgen: »Habt's was dabei?«
»Ja, klar, willste auch?«, fragte Nummer zwei gastfreundlich.
»Naa, aber lass mich mal riechn!«
Nummer eins reichte das »Bröckerl« nach vorn in Jürgens rechte Hand. Jürgen roch daran, reichte es zurück und sagte: »Hm, reiner Blütenstaub!«
Nummer eins baute eine kleine Bombe, und wenig später chauffierte Jürgen drei bekiffte Punkerinnen durchs Bielefelder Hinterland.
Nächster Abend, backstage im PC 69, dreißig Minuten vor Showtime. Unser Busfahrer Uli Schmeken kommt in die Garderobe, geht zu unserem Keyboarder, Rainer Kürvers, und sagt: »Du Rainer, da draußen stehen drei Punkerinnen, wollen rein und sagen, sie seien auf der Gästeliste. Ich hab die aber nicht.«
Rainer, völlig verwirrt, antwortet: »Was soll ich mit drei Punkerinnen? Gästeliste? Ich? Nee, das muss 'ne Verwechslung sein. Vielleicht wollen die nur Tickets schnorren.«

»Kein Problem«, sagt Uli, »ich regle das und schick sie wieder weg.«

Das Ganze ergab für uns keinen Sinn, denn wer Rainer kannte, der wusste, dass der eher Mutter Theresa zum Konzert einladen würde als drei Punkerinnen.

Uli geht also raus und kommt nach drei Minuten wieder. »Rainer, die drei bestehen darauf, dass du sie gestern eingeladen hast, und sie sagen, sie gehen nicht weg.«

Darauf Rainer: »Also entweder war ich gestern so besoffen, dass ich mein Gedächtnis verloren habe, oder irgendjemand will mich verarschen. Hol sie doch einfach mal rein, dann werden wir schon sehen.«

Uli verschwindet und kommt kurz darauf mit drei völlig durchgestylten Punkerinnern im Grufti-Look wieder. Die drei schauen aus wie frisch aus der Rocky-Horror-Picture-Show entlaufen. Sie stürmen in die Garderobe, gehen strammen Schrittes an Rainer vorbei, der sich ihnen erwartungsvoll und verblüfft in den Weg stellen will und bauen sich vor Jürgen auf.

»Mensch, Reiner, was geht denn hier ab? Warum lädst du uns ein und setzt uns dann nicht auf die Gästeliste?«, ruft Nummer eins vorwurfsvoll.

»Wieso Rainer?«, fragt Jürgen verdutzt. »Ich bin doch der Jürgn, das ist der Rainer«, und zeigte auf Rainer Kürvers.

»Wat? Willste mich jetzt verarschen?«, zischt Nummer eins wütend. »Du bist doch der Reiner. Du hast dich doch gestern vorgestellt als ›Reiner Blütenstaub‹!«

Die Verpackungsdiskussion

In den Neunzigerjahren gab es in der Alten Oper in Frankfurt ein Live-Politmagazin namens »Talk im Turm«. Es war eine Art Vorgängersendereihe zu Sabine Christiansens sonntäglicher Talkshow. Und wie in den Neunzigern üblich, gab es zur Auflockerung der Diskussion auch eine kleine Musikeinlage eines Künstlers, die möglichst zum jeweiligen Thema passen sollte. Anlässlich der bundesweiten Einführung des Grünen Punktes sollte es in der nächsten Folge von »Talk im Turm« eine Diskussion zum Thema Verpackungsmüll geben. Jürgen engagierte sich bekanntermaßen für den Umweltschutz und war auch Mitglied beim Bund Naturschutz. Aus diesem Grund war Haindling der scheinbar perfekte Act für diesen Abend.

Jürgen hatte sich bereits seine Gedanken über die Zerstörung der Umwelt durch den Menschen gemacht, als der Umweltschutz noch als Spinnerei abgetan wurde, und er brachte diese Besorgnis schon seit den frühen Achtzigerjahren immer wieder zum Ausdruck. So besang er im »Roten Fluss« die Verschmutzung des Rheins durch ein Chemiewerk in Ludwigshafen und in »Über alle Meere« die Irrfahrt Tausender Dioxionfässer durchs Mittelmeer.

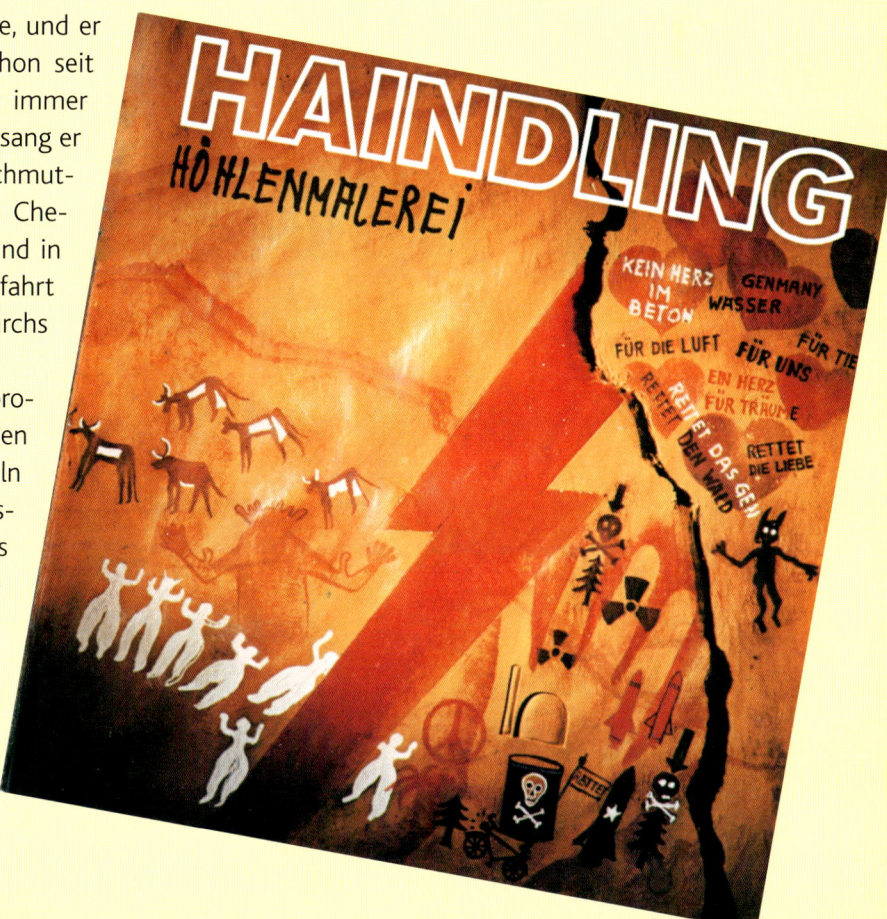

In »Aosis« (»Weiss«, 1995) prophezeite er sogar schon den Untergang der Fidschi-Inseln durch das Ansteigen des Wasserspiegels der Weltmeere als Folge der globalen Erwärmung. Jürgen prangerte aber nicht nur die Verseuchung von Gewässern oder das Abschmelzen des Polareises an. In dem Hörspiel »Drei Hellseher« (»Stilles Potpourri«) zitierte er schon 1984 die Weissagungen der niederbayerischen Seher Mühlhiasl, Irlmeier und Stormberger, die schon Anfang des letzten Jahrhunderts prophezeit hatten: »Es wird wärmer, und bei uns werden die Südfrüchte wachsen ...«

Jürgen ließ also keine Gelegenheit aus, das Thema Umweltzerstörung aufzugreifen, und lieferte mit dem Erscheinen des Albums »Muh« einen sarkastischen Beitrag zur Diskussion über die globale Erwärmung, indem er unter anderem behauptete, dass der Methangasausstoß der Kühe für das Schmelzen der Ozonschicht mitverantwortlich sei.

Seine kritische und kompromisslose Haltung gegenüber allem, was mit Umweltzerstörung zu tun hatte, machte ihn zu einem gefragten, aber zugleich auch gefürchteten Interview- und Gesprächspartner in Sendungen zum Umweltschutz. Wir flogen also alle nach Frankfurt, da neben Jürgens Teilnahme an der Verpackungsdiskussion auch ein musikalischer Beitrag der Band gefragt war.

Jürgens Diskussionspartner in der »Talk im Turm«-Runde waren Politiker der CDU und der Grünen, ein Vertreter des Grünen Punktes sowie ein hochrangiger Manager der Firma Tetrapack. Die Moderatorin befragte den Tetrapack-Vertreter nach den Gründen, weshalb Milch in Tetrapack-Verpackungen und nicht mehr wie früher in Flaschen verkauft würde. Der Tetrapack-Vertreter hielt ein fünfminütiges Plädoyer für diese Verpackungsart, das so klang, als habe er es auswendig gelernt. Der Grüne folgte kopfschüttelnd den Ausführungen des Tetrapack-Repräsentanten, der CDU-Mann nickte dumpf vor sich hin, und der Verteter des Grünen Punktes machte sich Notizen. Jürgen hingegen saß völlig starr auf seinem Sitz und schaute Löcher in die Luft. Kaum hatte der Tetrapack-Befürworter sein einstudiertes Plädoyer beendet, fragte die Moderatorin: »Hans-Jürgen Buchner, Sie sind durch ihr muskalisches und sonstiges Engagement für den Umweltschutz über die Grenzen des Freistaats Bayern hinaus bekannt. Was sagen Sie als Umweltaktivist und Künstler zu den Ausführungen des Vertreters der Verpackungsindustrie?«

Jürgen nahm das Mikrophon, wandte sich zu ihr, fixierte sie mit seinem prüfenden Blick und fragte: »Du, wie viel Zeit hab ich, um zu antworten?«

Die Moderatorin errötete, zuckte verlegen mit den Schultern und antwortete: »Ich weiß nicht, vielleicht zwei oder drei Minuten?«

Jürgen gab unmissverständlich zu erkennen, dass die Diskussion unter diesen Umständen für ihn beendet war. »Dann sag ich lieber nix.«

Ja wo is a denn?

1991 entstand das siebte und letzte Haindling-Album, das unter dem Polydor-Label der Deutschen Grammophon erschien. Jürgen war fleißig am Komponieren, und irgendwann im Winter 1991 klingelte das Telefon.

»Grüß dich, Micha, ich bin's, der Jürgen«, tönte es von der anderen Seite. »Du, Micha, ich mach grad ein Kinderlied und weiß nicht, was ich für einen Sound als Snare verwenden soll.«

Da ich wusste, dass die falsche kleine Trommel des Schlagzeugs, d. h. die »Snare« (Snär gesprochen), einen Song völlig verunstalten kann, bat ich Jürgen, mir übers Telefon zunächst einmal einen Eindruck von dem Kinderlied »Ja wo is a denn«, zu vermitteln. Jürgen warf die Bandmaschine an, und ich hörte allerlei Kinderrasseln, ein Kinderklavier und sonstige Sounds, die man Wiegenkindern so vorspielt.

Ich war völlig ratlos, welchen Snaresound Jürgen jetzt nehmen sollte, und weil ich gerade in der Tür stand und eigentlich weggehen wollte, überlegte ich kurz und sagte: »Weißt du, Jürgen, wenn's sich schon um ein Kinderlied handelt, dann solltest du etwas nehmen, womit sich die Kinder auch identifizieren können. Warum nimmst du nicht einen gscheiten Schoaß auf und benutzt den als Snare?«

»Mei, Micha«, lachte Jürgen, »des ist wirklich eine saugute Idee.«

Ich machte mir keine weiteren Gedanken, weil ich dachte, dass Jürgen diese absurde Idee genauso als Scherz auffassen würde wie ich und schon selbst auf eine gute Alternative käme. Als ich das Lied endlich in seiner Endfassung von Jürgen vorgespielt bekam, fragte ich: »Und, Jürgen, wie hast du nun das Problem mit der Snare gelöst?«

»Genau wie du mir empfohlen hast«, erwiderte er grinsend – der

Rest ist jetzt schon Musikgeschichte. Ich nahm sofort die Kassette – und konnte es nicht glauben. Jürgen hatte sich meinen Rat tatsächlich zu Herzen genommen. Ob er sich allerdings selbst in »Ja wo is er denn« verewigt oder eine seiner berüchtigten »Schoaßblosn« verwendet hat, habe ich bis heute nicht herausgefunden.

»Weißt du, was der Lieblingssong von Paul aus dem Haindling-Repertoire ist«, fragte mich neulich die Mutter des besten Freundes meines Sohnes.

»Nein, sag mal, Anja«, wollte ich neugierig wissen.

»Das Kinderlied ›Ja wo is a denn‹. Das läuft bei uns rauf und runter. Das ist irgendwie so authentisch.«

»Das wundert mich nicht«, antwortete ich. »Jürgen hat sich ja auch bei der Auswahl der Instrumente die allergrößte Mühe gegeben.«

Die Korg-Kiste

Irgendwann im Jahre 1991 fuhren wir zur Firma Musik Meyer nach Marburg. Da wir dort ein Konzert hatten, lag nichts näher, als das Notwendige mit dem Nützlichen zu verbinden. Musik Meyer war damals der deutsche Generalvertreter der Firma Korg, einem japanischen Keyboard-Hersteller. Korg, Roland und Yamaha bauten zu dieser Zeit die besten Keyboards und Synthesizer, und Korg hatte mit dem Model M1 einen totalen Knaller, denn der M1 hatte den ersten brauchbaren synthetischen Klaviersound. Da ich die beiden Michaels von den Frankfurter Musikmessen schon länger kannte und schon Keyboards ausgeliehen bekommen hatte, wollte ich ein, zwei neue Teile für Haindling abstauben. Ich organisierte einen Termin mit Michael Filgraebe und Michael Geisel, den beiden für Korg zuständigen Mitarbeitern von Musik Meyer, die übrigens selbst hervorragende Musiker waren.
»Wir freuen uns riesig, wenn ihr alle vorbeikommt, und nehmen uns den ganzen Nachmittag für euch Zeit«, beendete Michael das Telefonat, mit dem ich unseren Besuch avisierte. Am nächsten Tag fielen wir wie die Heuschrecken bei Musik Meyer ein. Jürgen war nicht sehr begeistert von der Idee, ein »Endorsement« mit Korg abzuschließen, denn er spielte einen Yamaha-DX 7 und einen Roland- und sogar einen Moog-Synthesizer und glaubte nicht, dass er bei Korg etwas finden könnte, das er nicht schon hatte. Trotzdem ließ er sich von mir überreden und begleitete uns zu unserem Besuch.
Als wir bei Musik Meyer ankamen, wurden wir von den beiden Michaels und dem Pressesprecher der Firma sowie einem eigens bestellten Fotografen herzlichst empfangen. Die beiden Michaels führten uns durch das riesige Lager der Firma und stellten uns alle Korg-Keyboards vor, die gerade auf Lager waren. Während sich Roald und Rainer als die eigentlichen Haindling-Keyboarder begierig die neuesten Instrumente erklären ließen, schien Jürgen eher Interesse an all den anderen Instrumenten zu haben, die Musik Meyer sonst noch in den Regalen stehen hatte. Neben Korg vertrat die Firma auch noch eine Reihe anderer Musikinstrumentenhersteller und verkaufte Blasinstrumente, Gitarren und allerlei Percussiongeräte.
Obwohl sich die Michaels allergrößte Mühe gaben, ließ sich Jürgen für keines der auf Lager befindlichen Instrumente begeistern. Nachdem wir uns gute zwei Stunden im Lager der Firma alle möglichen Instrumente zu Gemüte geführt hatten, wurden wir in die Lobby des Verwaltungsgebäudes geführt, wo uns in einer Sitzecke Kaffee und Getränke serviert wurden. Die beiden Michaels waren äußerst geduldig, wollten aber schließlich wissen, wofür wir uns entschie-

den hatten. Während Roald und Rainer sich noch darüber unterhielten, ob zwei M1 oder T2 benötigt würden, widmete sich Jürgen intensiv den Zierpflanzen, die in der Ecke der Lobby standen.

»Jürgen, was nimmst du jetzt für ein Instrument?«, fragte ich ungeduldig.

»Ich weiß noch nicht genau, ich muss erst noch etwas ausprobieren.«

Plötzlich stand er auf und ging zu einer Yuccapalme, die auf einer mit Korktapete verkleideten Holzkiste stand. Er musterte interessiert die Kiste, beugte sich herunter und klopfte mit seinen Fingern auf der Kiste herum. Dann nahm er die Yuccapalme herunter, stellte sie auf den Boden, nahm die Kiste unter den Arm und trommelte einen Rhythmus.

»Nicht übel«, sagte er anerkennend und stellte die Kiste wieder auf dem Boden ab.

»Micha, komm mal her, hör mal«, winkte mich Jürgen zu sich. Ich ging etwas verstört zu ihm hinüber in die Blumenecke.

»Hör dir mal den Sound an«, grinste mich Jürgen an, »der Kasten klingt ja fast wie eine spanische Flamencokiste.«

Er hob die Kiste wieder auf und zeigte sie mir begeistert. Ich wusste nicht so recht, was ich mit einer mit einer Korktapete verkleideten Sperrholzkiste anfangen sollte. Jürgen klemmte die Kiste wieder unter den Arm und begann auf ihr herumzuklopfen. Das Ding klang wirklich wie eine Mischung aus Flamencokiste und Bongos.

»Hast recht, die klingt tatsächlich wie eine spanische Bongo Cajon«, sagte ich anerkennend.

»Genau, die wär als Percussioninstrument nicht schlecht. Die nehm ich mit.«

Jürgen nahm die »Kork-Kiste« unter den Arm und setzte sich wieder zu uns in die Runde. Kaum dass er saß, richtete Michael Filgraebe das Wort an ihn und fragte: »Nun, Jürgen, hast du dich auch schon für einen Korg entschieden?«

»Ja, hab ich. Wenn ich darf, hätte ich gerne die Kork-Kiste.«

»Kein Problem«, antwortete Michael freundlich, »welche soll's denn sein? Der M1, der T2 oder sogar ein T3?«

»Nein, nein, ich hab doch schon genügend Keyboards, ich brauch keins mehr, aber die Kork-Kiste, die hätt ich schon gern, die würde ich gerne mitnehmen«, erwiderte Jürgen und zeigte auf die Holzkiste mit der Korktapete, die auf seinem Schoß lag.

»Ach so, diese Kork-Kiste«, lachte Michael. »Na, wenn's weiter nichts ist und sie dich glücklich macht, dann kannst du sie gern haben. Aber wenn du mal ein neues Keyboard brauchst, dann ruf mich einfach an.«

Ich wäre vor Scham fast unter meinen Sessel gerutscht, aber Michael reagierte völlig souverän. Nach all der Zeit, die sich die beiden Michaels für uns genommen hatten, fiel Jürgen nichts Besseres ein, als eine mit Korktapete verzierte Holzkiste mitzunehmen.

Zu diesem Zeitpunkt wusste ich natürlich noch nicht, dass die Kiste Jürgen zu einer musikalischen Idee animiert hatte, die ihm mit keinem Keyboard der Welt eingefallen wäre. Jürgen benutzte die Kiste für die rhythmische Untermalung des Liedes »Das Geheimnis«, das er für das Album »7« aufnahm und bei dem mir die Aufgabe zukam, die Kork-Kiste zu spielen. »Das Geheimnis«, dessen Geheimnis ich bis heute nicht lüften konnte, ist eines meiner liebsten Haindling-Lieder geblieben.

Prag

Dank meiner Mitgliedschaft bei Haindling konnte ich 1987 nach meinem ersten juristischen Staatsexamen bei der Ariola München ein Praktikum zur Berufsorientierung machen. Ariola München war die deutsche Landesniederlassung der 1986 gegründeten Bertelsmann Music Group/BMG, einer weltweit operierenden Schallplattenfirma, die heute SONY-BMG heißt und bei der seit 1993 die Haindling-Platten erscheinen. Die Kombination Jura und aktive Musikpraxis schien den Herren bei Ariola München eine interessante Kombination für einen potenziellen Mitarbeiter zu sein.

Durch das Praktikum in der Rechtsabteilung bekam ich natürlich schnell Kontakt zu den internationalen Mitarbeitern der Münchener »Ariolaner« und insbesondere zu den Leuten in New York. Im Oktober 1989 verbrachte ich dann einige Monate in New York, um bei BMG mein Auslandspraktikum, das ich im Zuge der Referendarausbildung machen konnte, zu absolvieren. Anstatt mich in der Rechtsabteilung zu langweilen, ließ ich mich bald in die Marketing- und A&R-Abteilung versetzen, um das Musikgeschäft aus dieser Perspektive kennenzulernen. Noch interessanter als Marketing war A&R, das heißt Artist und Repertoire, weil man in dieser Abteilung mit Künstlern und Musik in Kontakt kam. Weil sich niemand um mich kümmerte, besorgte ich mir die Arbeit selbst, was sich im Lauf der Zeit bis zum weltweilten BMG-Chef, Rudi Gassner, herumsprach.

Rudi Gassner war in den frühen Achtzigerjahren Deutschlandchef der Deutschen Grammophon gewesen – und somit derjenige, der den ersten Haindling-Schallplattenvertrag unterzeichnet hatte. Aus diesem Grund hatte ich mit Rudi gleich guten Kontakt. Am 9. 11. 1989 rief mich Rudi in sein Büro, weil er mit mir die CNN-Nachrichten über den Fall der Mauer in Deutschland anschauen wollte. Wir zwei Deutschen standen völlig elektrisiert vor der Glotze und schauten zu, wie Tausende von Ostberlinern über die Mauer kletterten und dieses Symbol der Unterdrückung niederrissen.

»Wahnsinn«, sagte ich, »vor sechs Wochen habe ich noch einem Amerikaner gesagt, dass die Mauer noch mindestens zwanzig Jahre stehen bleiben würde, und jetzt das. Wenn jetzt der Eiserne Vorhang fällt, dann tut sich ein riesiger Markt für uns auf. Da muss sofort jemand hin.« Dabei dachte ich nicht im geringsten daran, dass ich dieser Jemand sein könnte.

»Ja, ja, das finde ich auch«, antwortete Rudi grinsend und klopfte mir auf die Schulter. Zwei Tage später rief er mich in sein Büro und teilte mir mit, dass ich am darauffolgenden Tag nach

München fliegen sollte. Rudi hatte für mich ein Vorstellungsgespräch beim damaligen Europachef von BMG, Arnold Bahlmann, organisiert. Arnold suchte jemanden, der für BMG das Osteuropageschäft aufbauen sollte.
Ich flog also nach München, und nachdem ich Arnold beantwortet hatte, wie »Peter und Paul«, die tot in einer Wasserlache lagen, ums Leben kamen, hatte ich den Job. Am 1. April 1990 begann ich offiziell meine Tätigkeit als »Manager European Licenses«, und schon am 3. April 1990 stand ich zusammen mit ihm auf dem Roten Platz in Moskau.
»Ich wärdä nicht eher Ruhe gäbän, bis nicht jeder Russe mindestes eine Platte von BMG sein Eigen nennt«, klamaukte ich zu Arnolds Belustigung. Russland war, wie Polen, die Tschechoslowakei, Ungarn, Ex-Jugoslawien und alle sonstigen Ex-COMECON-Staaten das Ziel meiner geschäftlichen Aktivitäten für BMG. So ließ es nicht lange auf sich warten, bis mich eine meiner Geschäftsreisen nach Prag führte. Ausgerechnet Prag, die Stadt, in der ich 1986 mit Haindling auftreten sollte, und die Tschechoslowakei, das Land, in das nie mehr einen Fuß zu setzen ich geschworen hatte, sollten der Sitz einer von mir zu gründenden BMG-Ariola-Landesniederlassung sein.
So flog ich Ende April 1990 mit der Lufthansa von München nach Prag. Es war noch bitterkalt, und man roch den Duft von Kohleheizungen. Die Luft war schwer, mit Smog belastet, und eine Inversionslage über der Stadt verhieß, dass es in den nächsten Tagen keine Besserung geben würde. Ich nahm am Flughafen ein Taxi und ließ mich zu meinem Hotel kutschieren. Auf der Fahrt dorthin musterte ich kritisch die Häuser in den Außenbezirken, und irgendwie war mir dabei unwohl. »Alles grau in grau«, dachte ich, »wie in Pilsen eben.«
Wir fuhren schon eine gute Viertelstunde, als wir plötzlich in eine wunderschöne Villengegend kamen. Überall hingen Fahnen und die Schilder der Botschaften, die in den herrschaftlichen Villen untergebracht waren. Meine Stimmung änderte sich schlagartig, die Depression wich der Neugier. Als das Taxi eine Serpentine hinunterfuhr, lag vor mir die Altstadt von Prag. Das Bild, das sich mir bot, war atemberaubend schön. Der Zauber der »Goldenen Stadt« nahm mich sofort gefangen. Prag hatte eine unglaubliche schöne, geradezu mystische Ausstrahlung. Nun verstand ich, was Thomas, der Kunsträuber aus meinem Semester, gemeint hatte, wenn er von der Schönheit dieser Stadt geschwärmt hatte. Wir fuhren durch die Revolucni, Narodni und all die anderen Straßen und Gassen der Altstadt, und ich war begeistert. Irgendwie hatte ich das Gefühl, das alles zu kennen und endlich zu Hause angekommen zu sein. Auch in den folgenden Tagen verließ mich das Gefühl nicht, irgendwie und auf besondere Weise mit dieser Stadt vertraut zu sein, und ich enschloss mich schon bei diesem ersten Besuch, irgendwann einmal dort

zu leben. Da war keine Spur mehr von Angst, Abneigung und innerem Vorbehalt, ich musste einfach nach Prag.

Da keines der Büros, die ich als zukünftigen Sitz der BMG-Ariola-Czech-Republic besichtigt hatte, den Anforderungen entsprach, beschloss ich, ein Büro auf der Mala Strana, der »kleinen Seite«, zu mieten und nach meinen Bedürfnissen umzubauen. Durch eine Empfehlung fand ich einen großartigen Architekten, Herrn Drechsel. Wir verabredeten uns telefonisch in unseren Büroräumen in der Hellichova. Ich saß an meinem Schreibtisch, als die Tür aufging und meine Sekretärin Herrn Drechsel meldete. Herein kam ein sehr freundlich dreinschauender Mann, der etwa in meinem Alter sein mochte. Er musterte mich interessiert und sagte: »Grüß Gott, ich bin Petr Drechsel. Sagen Sie mal, sind Sie nicht ein Musiker von der Gruppe Haindling?«

»Ja, der bin ich«, antwortete ich verdutzt. »Aber woher kennen Sie denn Haindling?«

»Na, wissen Sie, meine Eltern haben ein Wochenendhaus an der deutsch-tschechischen Grenze. Wenn wir dort waren, dann konnten wir den Bayerischen Rundfunk empfangen, und da haben wir halt oft Haindling gehört. ›Du Depp‹, ›Lang scho nimma gsehn‹, ›Spinni‹, und so weiter. Wir finden Ihre Musik total super. Das muss ich jetzt gleich meiner Frau sagen, die wird mir das kaum glauben. Als Sie dann zu dem Friedensfestival nach Pilsen kamen, bin ich mit meiner Frau hingefahren, weil wir unbedingt Haindling hören wollten.«

»Und sind Sie dann auch verhaftet worden?«, wollte ich wissen.

»Natürlich«, antwortete er, »wir standen mitten in der Arena. Die Sicherheitskräfte haben alles hermetisch abgeriegelt und jeden verhaftet, der drinstand. Meine Frau und ich wurden dann getrennt, und wir beide haben die Nacht mit Dutzenden anderen Konzertbesuchern in einer winzigen Zelle verbracht. Nach meiner Befragung haben die wohl gemerkt, dass ich eher ein harmloser Haindling-Fan als ein Dissident bin, und haben mich und später auch meine Frau wieder laufen lassen.

»Sehen Sie, Herr Drechsel«, erwiderte ich grinsend, »wenn Sie nicht wegen uns, sondern wegen der Randale hingegangen wären, dann säßen Sie vielleicht noch heute dort.«

»Hello«

1991 musste ich geschäftlich nach Sofia, um zusammen mit der örtlichen Polizei einem bulgarischen Raubkopierer das Handwerk zu legen. Am Tag des Abflugs in die bulgarische Hauptstadt kam ich viel zu spät und als letzter Fluggast am Gate an. Der Bus, der zum Flugzeug der Balkan Air, das weit draußen auf dem Rollfeld stand, fahren sollte, war schon weg.

»Kommen Sie, wir haben noch einen VIP-Bus, da ist noch ein Platz frei, da können wir Sie mitnehmen«, rief die nette Dame am Gate. Ich rannte nach draußen, wo ein VW-Bus mit laufendem Motor wartete. Der Fahrer lud mein Handgepäck in den Kofferraum, und ich stolperte in den Wagen.

Ich staunte nicht schlecht, als ich sah, wer meine prominenten Mitreisenden waren. Drinnen saß die deutsche Popsängerin Sandra mit einem Herrn, den ich zuvor schon einmal getroffen hatte. Dieser Begleiter war kein anderer als Lothar Schlessmann, der Mitinhaber der Konzertagentur und Management-Firma »Hello Concerts« in Augsburg. Lothar und sein Partner, Walter Czermak, waren damals schon Größen in der Musikszene und hatten bereits verschiedene Haindling-Konzerte veranstaltet, bei denen wir uns kennengelernt hatten.

»Was machst denn du da, Micha?«, wollte Lothar erstaunt wissen.

»Das Gleiche kann ich dich fragen«, antwortete ich.

»Ich begleite Sandra zu ihrem Konzert in Sofia, und du?«

»Ich muss für die BMG ein Piratennest in Sofia ausheben, das unter anderem Sandras Platten und unsere ›Modern Talking‹-Platten zu Zehntausenden raubkopiert.«

»Das trifft sich ja gut, dann vertrittst du ja auch Sandras Interessen«, meinte Lothar lachend. »In diesem Fall darfst du gern auch mit uns reisen.«

Der VW-Bus war mittlerweile bei der Tupolev der bulgarischen Fluggesellschaft angekommen, und wir stiegen aus, Sandra zuerst, dann Lothar, zuletzt ich. Die Flugbegleiterinnen begrüßten uns freundlich und führten uns in die Maschine. Sandra flog natürlich First Class, und ich hatte ein Business-Class-Ticket. Als wir in die Maschine kamen, führte man uns in einen kleinen Salon, der mit einem Sofa und zwei sehr gemütlichen Sesseln sowie einem Couchtisch ausgestattet war. Es schaute aus wie ein kleinbürgerliches Wohnzimmer, aber es war durchaus gemütlich.

»Aha, so reist man also als kommunistischer Apparatschik«, lachte ich.

»Oder als bulgarischer Raubkopierer!«, scherzte Lothar.

Sandra und Lothar machten es sich bequem, und ich plauderte noch ein wenig mit Lothar, als die Flugbegleiterin mir bedeutete, mich in den Sessel zu setzen.

»He, bleib doch einfach bei uns«, schlug Lothar vor, »die Stewardess glaubt ohnehin schon, dass du zu uns gehörst. Bleib hier, dann können wir uns weiter unterhalten.«

Lothar brauchte mich nicht zweimal zu fragen. Ich ließ mich in den rötlich schimmernden Sessel fallen und schnallte mich an. Sandra machte es sich auf der Couch bequem und las eine Illustrierte. Das Flugzeug startete, und sobald wir die Reiseflughöhe erreicht hatten, wurden uns Drinks und Speisen gereicht.

»Sag mal, wie läuft's denn mit Haindling«, fragte Lothar.

»Super, aber leider wird uns Dolf verlassen«, antwortete ich.

»Habt ihr schon einen neuen Manager?«, bohrte Lothar weiter.

»Soweit ich weiß nicht. Warum? Hättest du etwa Lust, Dolfs Job zu übernehmen?«, wollte ich wissen.

»Warum denn nicht, Haindling ist doch ein geiler Act, und unsere Konzerte mit euch waren ja immer ausverkauft«, entgegnete Lothar.

»Na, dann ruf doch einfach mal Jürgen an, vielleicht klappts ja.«

Nach Lothars Rückkehr aus Sofia setzte er sich mit Jürgen in Verbindung, und die beiden wurden sich offensichtlich schnell über eine Zusammenarbeit einig. Seitdem ist Lothar Schless-

mann der Manager, Veranstalter, Troubleshooter, PR-Genie, schlicht der Mann hinter Haindling. Beim nächsten Konzert gab's natürlich ein großes Hallo, und nach unserer Show tranken wir auf Lothars Einstand.
»Lothar, wie war denn dein Konzert mit Sandra?«, wollte ich wissen.
»Genial, die Halle war völlig ausverkauft, und die Leute waren unglaublich gut drauf. Es war ein Riesenerfolg für Sandra«, antwortete Lothar euphorisch. »Und wie war's mit deinen Piraten?«
»Nicht ganz so erfolgreich wie bei dir«, antwortete ich. »Erst haben wir mit der Polizei das Piratennest gestürmt und über 50 000 Platten beschlagnahmt. Dann haben wir die Platten in ein Lagerhaus eingeschlossen. Und am nächsten Tag wurde ins Lagerhaus eingebrochen. Und ausgerechnet die Polizisten, die am Vortag bei der Razzia dabei waren, haben alle 50 000 Platten wieder gestohlen!«

»Haindling«

Zu meiner Zeit bei BMG war der später ebenfalls über durch die Music Casting Show »Deutschland sucht den Superstar« bekannt gewordene Thomas M. »Onkel« Stein Geschäftsführer der BMG-Ariola München. Als ich ihm eines Tages in der Firmenkantine begegnete, nahm er mich vertraulich zur Seite: »Sag mal, Michael, als BMG-Mann kann es ja wohl nicht angehen, dass du in einer Band spielst, die bei der Polygram unter Vertrag ist. Kannst du Haindling nicht zu BMG holen? Ich würde mich gerne mal mit Jürgen Buchner unterhalten. Kannst du das nicht organisieren?«
Gesagt, getan. Ich informierte Jürgen über das Gespräch mit Thomas Stein, und weil der Vertrag mit der Hamburger Polygram ohnehin auslief und Jürgen lieber ein in München als im fernen Hamburg beheimatetes Label haben wollte, traf er sich mit mir und Thomas Stein. Thomas hatte sich gut vorbereitet und alle sieben Haindling-Alben, die bei der Polygram erschienen waren, durchgehört. Daraufhin gab er eine Art »Psychoanalyse« unserer musikalischen Arbeit zum Besten, die Jürgen so beeindruckte, dass er beschloss, die nächsten Alben bei BMG herauszubringen. So wurde 1993 Haindling zum »BMG-Act« und fand bei Tom Büscher und Elisabeth Angerer, die zuvor schon Hubert von Goisern und vielen anderen Stars zu Ruhm und Ehre verholfen hatten, ein neues künstlerisches Zuhause.

Unser erstes Album, das 1993 mit dem »BMG-Ariola«-Label erschien, hieß schlicht und ergreifend »Haindling«. Thomas Stein gab Jürgen die völlige »Narrenfreiheit«.

»Jürgen soll sich mal richtig ausspinnen«, meinte Thomas irgendwann einmal zu mir. »Er soll sich jetzt nicht unter den Stress setzen, einen Hit schreiben zu müssen, sondern soll endlich mal das machen, was er will, ohne dass es heißt, wann kommt denn endlich wieder ein ›Lang scho nimma gsehn‹?«

Jürgen genoss diese künstlerische Freiheit. Da er ständig neue Effekte sucht und allerlei verschiedene Klänge mit seinem Aufnahmegerät aufzeichnete, konnte er endlich die Ideen, die ihm seit Langem durch den Kopf gingen, musikalisch umsetzen. Eines seiner interessantesten Klangerlebnisse führte zu dem Instrumental »Noch in der Umlaufbahn«.

Denn als Jürgen einmal in einem Baugeschäft Zaunpfähle kaufen wollte, schlug er mit einem Holzstück auf einen solchen Pfahl. Weil dieser so gut klang, testete er gleich die anderen Zaunpfähle durch und suchte sich die mit dem besten Klang aus. Zu Hause angekommen, sägte er an den Zaunpfählen so lange herum, bis sie auf den jeweils gewünschten Ton »gestimmt« waren und so als rhythmische Klanghölzer für den Walzer »Noch in der Umlaufbahn« verwendet werden konnten.

Später beim Besuch eines Traktorenmuseums im Nachbardorf führte ihm der Besitzer eines alten Porsche-Einzylinders den Motor vorlaufen. Jürgen hörte sofort den »musikalischen« Takt des alten Motors und nahm dessen Laufgeräusche mit seinem Walkman auf. Zu Hause im Studio überspielte er den Traktorsound auf Band und komponierte das Lied »Bulldog mit Schuss«. Tom Büscher, der damals bei der Ariola München unser zuständiger Labelmanager war, buchte den Münchener Fotografen Bernhard Kühmstedt um eine bis dahin einzigartige Fotoproduktion mit Haindling zu machen. Die BMG ließ uns wie Bauern aus der Zeit um die Jahrhundertwende kleiden, und mit unseren Klamotten und Hüten definierten wir zum ersten Mal ein völlig neues und eigenständiges Bild unserer Band, das uns viel Aufmerksamkeit in den Medien bescherte.

Die alte Weisheit »Neue Besen kehren gut« bewahrheitete sich im Falle der BMG. Denn irgendwie kam durch die erste Veröffentlichung bei BMG frischer Wind in das Haindling-Projekt.

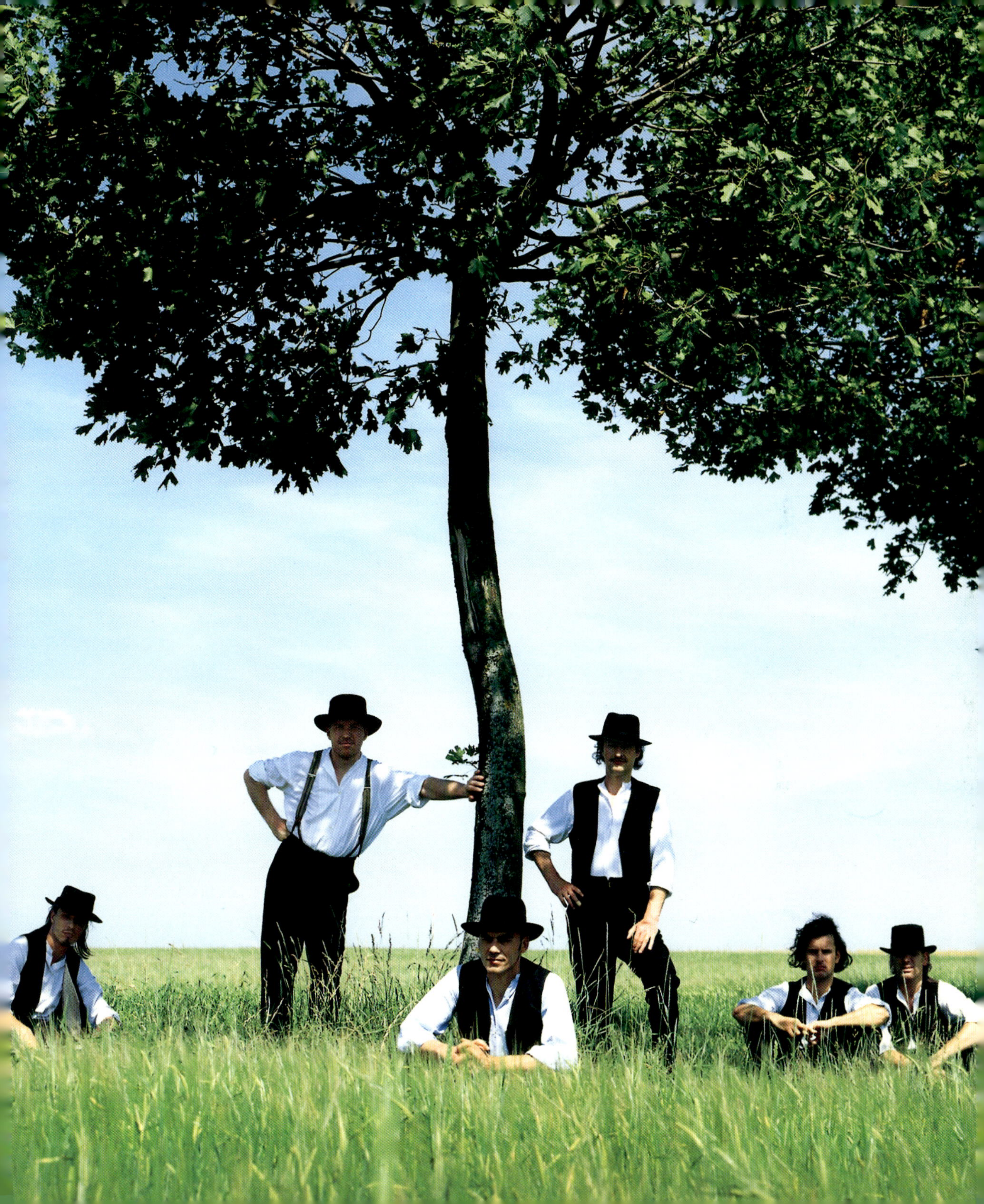

Haindling oder BMG?

Nachdem Jürgen mit Haindling bei BMG einen Schallplattenvertrag abgeschlossen hatte, ließ ich mich 1993 auf eigenen Wunsch als Geschäftsführer der »BMG Ariola Czech & Slovak Republic« nach Prag versetzen. Dort führte ich ein äußerst angenehmes und interessantes Leben und konnte mich künstlerisch und geschäftlich voll austoben. Da mein Chef mit Geld eher knauserte, konnte ich, anders als unsere Konkurrenten Warner, EMI und Polygram, den tschechischen Künstlern keine großen Vorschüsse anbieten. Weil es sich aber in der tschechischen Szene herumsprach, dass der Geschäftsführer der BMG Ariola in Prag selbst Musiker und sogar Mitglied einer BMG-Band ist, gaben sich die tschechischen Künstler und Produzenten bei BMG die Klinke in die Hand. Nach meinem Bürotag verbrachte ich deshalb oft die Nächte mit Künstlern in Studios und Clubs und wurde einer von ihnen. Auf diese Weise konnte ich in kurzer Zeit sehr viele Künstler und Bands unter Vertrag nehmen, für die unsere Konkurrenz sehr viel mehr Geld hättes zahlen müssen und von denen viele heute noch aktiv und sehr erfolgreich sind.

Der Preis für mein Doppelleben als Haindling-Mitglied und BMG-Chef war jedoch sehr hoch. Denn ich musste zu jedem Haindling-Konzert von Prag nach Deutschland fahren, und dies zu Zeiten, in denen die Autobahn nur von Prag bis Pilsen ging. Deshalb kam es nicht selten vor, dass ich am Sonntagabend um 22.30 Uhr in Karlsruhe von der Bühne ging und danach die Nacht durchfuhr, um am nächsten Morgen pünktlich um 9.00 Uhr in meinem Büro zu erscheinen. Aber mir war kein Preis zu hoch, um bei Haindling zu spielen, denn was war schon der Alltag eines BMG-Geschäftsführers verglichen mit einer Haindling-Konzerttournee! Irgendwann jedoch geriet ich zwischen die Fronten.

Wie es häufig in Konzernen zu erleben ist, waren auch die BMG-Topmanager ein Haufen von Intriganten und Egomanen. Mir war lange verborgen geblieben, dass der oberste BMG-Boss, Rudi Gassner, gegen meinen Chef, Arnold Bahlmann, intrigierte, wo er nur konnte. Und er vertrat die Meinung, es gehe nicht an, dass Arnold einen Geschäftsführer beschäftige, der gleichzeitig Musiker bei Haindling, einer BMG-Band, war. Ich musste daher nicht lange warten, bis die Front auch in Prag angekommen war und auch mir der Krieg erklärt wurde.

Nichtsahnend beantragte ich für September 1993 zwei Wochen Urlaub, um die geplante Herbsttournee spielen zu können. Arnold reagierte stinksauer und wies meinen Urlaubsantrag zurück. Da ich mir aber das Recht, bei Haindling zu spielen, vertraglich ausbedungen hatte, erinnerte ich ihn an diesen Paragrafen und setzte meinen Urlaub auf diese Weise durch. Da die Firma darüber hinaus hervorragend lief, fühlte ich mich auch moralisch berechtigt, »Urlaub« zu nehmen. Ich spielte die Tournee, die wie üblich ein großer Erfolg und mein Urlaub war. Denn bei Haindling zu spielen, bedeutete für mich die totale Entspannung.

Als ich nach der Tournee wieder nach Prag zurückkam, wurde ich von Arnold nach München zu einem Gespräch zitiert. Arnold empfing mich kühl und sagte: »Michael, du weißt, warum ich dich hierher gebeten habe. Ich will eine Entscheidung zwischen BMG oder Haindling. Es kann nicht angehen, dass du Geschäftsführer von BMG bist und während der wichtigsten Zeit des Jahres mit Herrn Buchner zwei Wochen auf Tournee gehst.«

»Wieso nicht«, antwortete ich selbstbewusst. »Bei dem wenigen Geld, das wir für unsere Künstler zahlen können, solltest du froh sein, einen Geschäftsführer zu haben, der Musiker bei

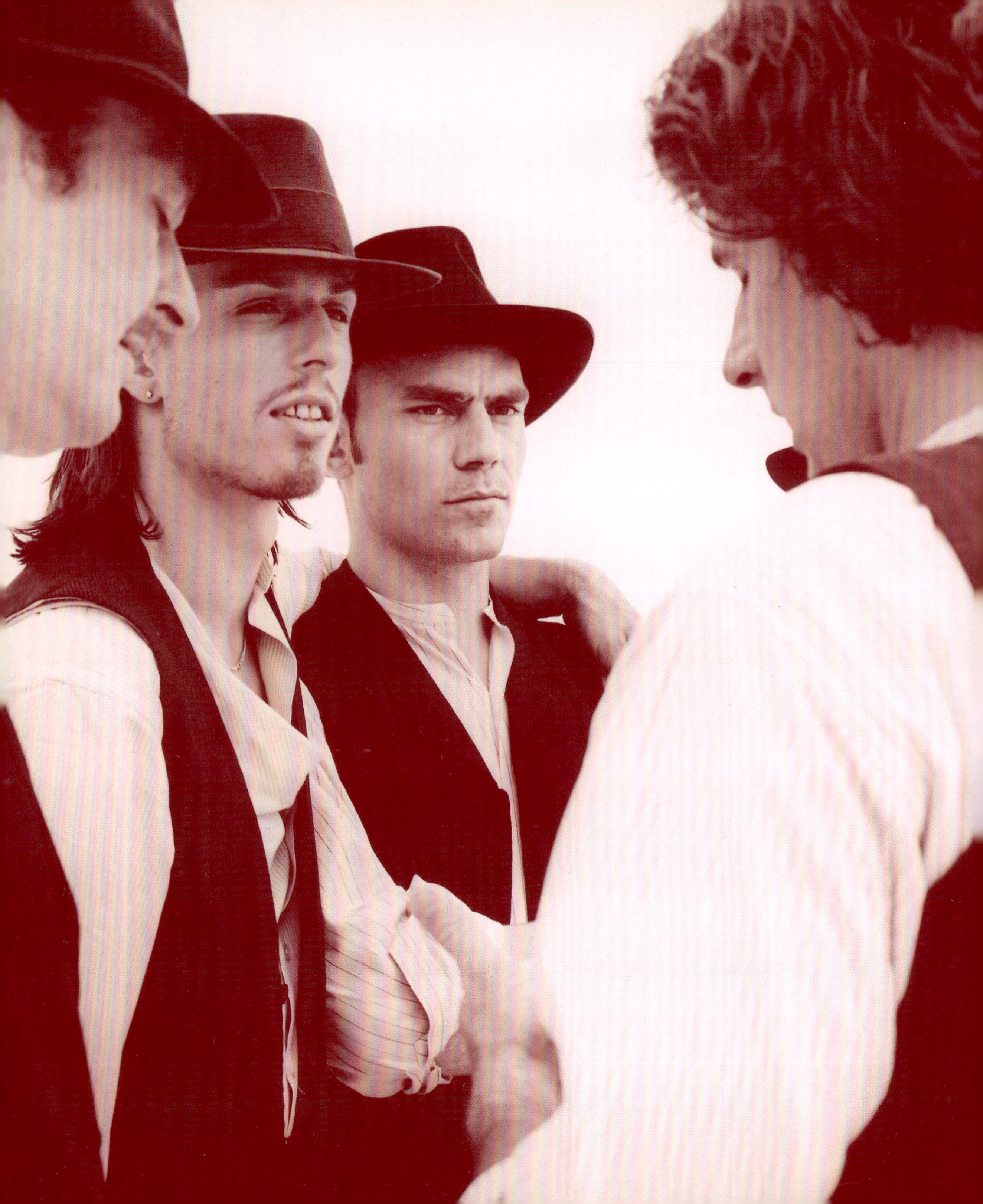

einer bekannten BMG-Band ist. Das gibt mir die Glaubwürdigkeit gegenüber den tschechischen Musikern, die sich die anderen Majors mit sehr viel Geld erkaufen müssen. Außerdem läuft die Firma super. Wir sind jetzt schon weit über unserem Jahresplan, und ich habe trotzdem und trotz meines Urlaubs jeden Tag mit meinen Leuten telefoniert. Die verkaufen unsere Platten, egal ob ich da bin oder nicht. Denn schließlich stehe ich ja nicht mit einem Bauchladen auf der Karlsbrücke.«

»Das ist mir völlig egal«, konterte Arnold. »Hast du dir eigentlich schon mal überlegt, wie das nach oben aussieht?«

»Das ist mir jetzt völlig wurst. Die da oben sollten sich lieber mal überlegen, wie das, was sie die ganze Zeit abziehen, bei uns unten ankommt«, antwortete ich trotzig.

»Das ist eine andere Sache und hat nichts mit unserem Thema zu tun. Ich sage dir, ich will jetzt sofort eine Entscheidung von dir: Haindling oder BMG, das ist die Alternative.«

Eigentlich wollte ich ja meinem Vorbild nacheifern, dem berühmten Ariola-Gründer Monti Lüftner, der 18 Ariolas weltweit gegründet hat, bevor der BMG-Konzern entstand. Monti war der einzige der damaligen Top-Executives, dem es um die Musik und nicht nur um Zahlen ging und der, ähnlich wie ich und obwohl er kein Musiker war, von den Künstlern als einer der Ihren anerkannt wurde. Wenigstens zehn Ariola-Tochtergesellschaften hätten sich im Laufe der Jahre in meinen osteuropäischen Ländern gründen lassen. Aber mich vor die Wahl zwischen Musik machen und Musik verwalten zu stellen, das war ein starkes Stück. Lieber würde ich tot umfallen, als da nachzugeben.

»Und ich sags dir noch mal, ich sehe keinen Grund, warum das eine das andere ausschließen soll, aber wenn du darauf bestehst, dann entscheide ich mich für Haindling.«

Arnold fiel fast vom Stuhl. Sein Gesichtsausdruck verriet, dass er mit dieser Reaktion nicht gerechnet hatte. Buchner gegen Bertelsmann, und Bertelsmann verliert – das muss ein starkes Stück gewesen sein. Wir einigten uns auf eine vorzeitige Beendigung des Vertrages. Ich führte die Ariola in Prag noch ein knappes Dreivierteljahr bis zum Ende des Geschäftsjahres und erhielt eine Abfindung, mit der ich mein eigenes Schallplattenlabel aufbauen konnte, das ich bis Ende 1995 in Prag leitete.

Obwohl viele Mitglieder meiner Familie und meines Freundeskreises damals nicht verstanden haben, dass ich eine vielversprechende Karriere bei BMG und eine gewisse finanzielle Sicherheit gegen Haindling eintauschen wollte, habe ich meine Entscheidung bis heute nie bereut. Keiner meiner Kollegen, die damals leitende Stellungen bei BMG besetzt haben, hat seine Position heute noch inne. Die meisten verließen den Konzern, wurden gefeuert oder wegrationalisiert.

»Put away this American shit!« sie einfach zu meinem Plattenspieler gegangen, hat ihre Platten aufgelegt und hat irgend so einen Song vorgespielt. Du, ich sag's dir, ich hab das amerikanische Gedudel keine zwei Minuten aushalten können. Drum bin ich zum Plattenspieler hingerannt und hab g'schrien: ›Put away this American shit!‹ und hab die Platte runtergerissen.«

»Spinnst du?«, rief ich entsetzt. »Das kannst du doch nicht machen. Was hat sie denn dann zu dir gesagt?«

»Gar nix, aber die hat wahnsinnig g'lacht. Ich glaub, das hat ihr unheimlich imponiert. Abends haben wir miteinander Musik gehört und gescheit gesoffen hat's. Als sie dann im Gästezimma geschlafen hat, bin ich mit dem Kassettenrecorder reingeschlichen und hab aufgenommen, wie s' schnarcht. Am nächsten Morgen hab ich sie dann mit ihrem eigenen Schnarchen geweckt. Das hat ihr unheimlich gut gefallen, und sie hat mir g'sagt, dass in Amerika keiner auf so eine Idee käm.«

»Und habt ihr dann auch Musik miteinander gemacht?«, fragte ich neugierig.

»Ja, ich hab eine Nummer mit Keyboards, drei Tenorhörnern und Tuba eingespielt. Sie hat dann einen Text geschriebn und drauf gesungen. Und weißt, die hat immer so singen wollen wie auf der Platte. Dann hab ich sie immer gestoppt und hab g'sagt, sie soll nicht immer so disco- und gospelmäßig, sondern anders singen und sich vorstellen, dass sie eine weiße Gräfin ist. Das hat's verstanden und auch gemacht, und wir haben das Liedl ›I don't know what to do‹ dann miteinander aufnehmen können.«

Ein paar Monate später hätte ich geschäftlich in Los Angeles zu tun und verabredete mich mit Chaka Khan. Als meine Geschäftspartner erfuhren, dass ich mit der Sängerin verabredet war, waren sie völlig aus dem Häuschen, denn Chaka Khan hatte und hat in Amerika den Status eines absoluten Superstars, besonders unter der schwarzen Bevölkerung. Sie kam gerade von einem Konzert aus San Diego, wohin sie von einer zwanzigköpfigen Entourage begleitet worden war. Chaka und ich hatten uns mittlerweile bei einem Konzert in Schweinfurt kennengelernt, bei dem sie einen Gastauftritt hatte und für unser Livealbum »Perlen« ihren Song »I don't know what to do« einsang.

»Hey, Michael, how are you?«, begrüßte sie mich überschwänglich.

»I'm fine, Chaka, but how are you?«

»Gut«, sagte sie in fast perfektem Deutsch. »Wir kommen gerade aus San Diego und wir hatten eine tolle Show.«

Wir tauschten Nettigkeiten und Plattitüden aus. Weil mir nichts mehr einfiel, erfand ich einen

Auftrag und bestellte ihr schöne Grüße von Jürgen.

»Oh, Jürgen, wie geht's ihm? Wir hatten so eine lustige Zeit miteinander«, sagte sie mit einem vieldeutigen Lächeln.

»Ja, ja«, entgegnete ich verlegen, »Jürgen hat mir schon davon erzählt. Das muss eine ziemlich interessante Erfahrung für dich gewesen sein.«

»Absolutely, he is quite a character! Weißt du, weil er meine Musik nicht kannte, dachte ich, ich spiele ihm einen Song von meiner neuen Platte vor. Kannst du dir vorstellen, was dieser Motherfuckersonofabitch dann gemacht hat?«

»Nein«, log ich und tat, als ob ich von nichts wüsste. »Was hat er denn gemacht?«

»Er sprang von seinem Sessel auf, rannte zum Plattenspieler, riss die Platte vom Plattenteller und rief mir zu: ›Put away this American shit!‹«

»O nein, das glaub ich nicht, das kann ja wohl nicht wahr sein«, log ich weiter. »Und was hast du dann gemacht?«

»Nichts, ich saß auf seinem Sofa, schaute ihm zu, und als er den magischen Satz ›Put away this American shit!‹ zu mir sagte, habe ich gelacht und mich Knall auf Fall in ihn verliebt.«

Beim Echo

1996 ging ich mit Jürgen zum Echo. Der Echo ist der deutsche Schallplattenpreis und eine Art Pendant zu den amerikanischen Grammys – die wichtigste Veranstaltung in der deutschen Musikindustrie. Anderes als heute wurde der Echo im Hamburger CCH veranstaltet. Jürgen und ich flogen nach Berlin und stiegen in einem Hotel ab, das die BMG für uns gebucht hatte. Standesgemäß wurden wir kurz vor acht Uhr abends von einer schwarzen Limousine im Hotel abgeholt und zum CCH chauffiert.

Vor uns reihten sich zwei oder drei andere Limousinen auf, die ihre prominente Fracht vor dem roten Teppich abluden. Links und rechts des roten Teppichs standen auf eine Länge von mindestens hundert Metern Tausende von Teenies, die ihre Idole beklatschten und dabei schrien wie bei einem Auftritt von Tokyo Hotel. Meiner Schätzung nach standen links und rechts von der Absperrung jeweils mindestens 2000 promigeile Gören.

Vor uns stieg Herbert Grönemeyer aus und wurde mit ohrenbetäubendem Getöse von den Teeniemassen begrüßt.

»Schau dir den Grönemeyer an, da schreien s'. Ob die bei uns wohl auch so schreien können?«, fragte Jürgen.

»Das werden wir gleich sehen«, antwortete ich und stieg aus. Jürgen entstieg ebenfalls dem Fond der Limousine, und wir beide betraten nebeneinander den roten Teppich. Seite an Seite gingen wir Richtung Eingang. Um uns herum Totenstille – kein Geschrei, kein Klatschen, nichts, völlige, aber gespannte Ruhe unter den Teenies. Wir gingen wie zwei Aliens auf dem Weg zum Raumschiff auf das große Gebäude zu und fühlten uns wie zwei Partycrasher bei einer Geburtstagsparty. Wir hatten circa die Hälfte unseres Weges zurückgelegt, da kam die Erlösung.

Ein zartes Mädchenstimmchen rief leise: »Haindling!« Sie rief eigentlich nicht, sie flüsterte eher wie eine gute Fee, die uns vor einem Ungemach bewaren wollte.

Gott sei Dank, dachte ich, wenigstens eine, die uns kennt. Plötzlich, eine Sekunde nach dem zarten Ruf unserer Entdeckerin, schrien die beiden Teenie-Kohorten los und kreischten so laut, dass uns fast die Trommelfelle platzten. Der Lärm war ohrenbetäubend, und ich stand sofort unter Strom wie bei einem Konzert. Wie berauscht gingen wir weiter.

»Sauber Micha, hörst du das, das ist ja noch besser als bei uns in Bayern«, sagte Jürgen mit erleichterter Miene und boxte mich feixend mit dem Ellbogen in die Rippen. »Das muss ich unbedingt daheim erzählen, das glaubt mir keiner.«

So sehr ich mich über »unseren« Applaus freute – irgendwie kam mir die Sache spanisch vor. Sicherheitshalber schaute ich über die Schulter zurück, um mich zu vergewissern, dass der Applaus wirklich unserer war. Ich drehte mich leicht zur Seite und schaute nach hinten zu den Limousinen, da traf mich der Schlag. Hinter uns hielt der Bus der Kelly Family. Eine Gruppe rothaariger Kellys quoll aus dem Bus und stolperte über den roten Teppich. »Kellys, Kellys, Jimmy, Joey ...«
Die Mädels schrien sich die Seele aus dem Leib, und die Kellys tänzelten routiniert über den roten Teppich, ließen sich fotografieren und warfen mit Autogrammen um sich.
Wir sahen zu, dass wir dem Spektakel entkamen, und flüchteten uns vor dem infernalischen Teenielärm ins Innere des CCH.
»Das war eine Erfahrung, die werd ich nicht so schnell vergessen«, sagte Jürgen. »Das kann man keinem erzählen.«
»Also, ich finde, bevor du irgendjemandem erzählst, dass wir über den roten Teppich gegangen sind und uns nur eine von viertausend erkannt hat«, schlug ich vor, »solltest du lieber sagen, dass wir uns verlaufen haben und durch den Hintereingang hineingekommen sind. So chaotisch, wie wir sind, nimmt uns das jeder ab.«

Perlen

1996, zehn Jahre nach der Veröffentlichung der »Meuterei«, erschien Haindlings zweites Livealbum, »Perlen«. Wie schon zehn Jahre zuvor, wurde wieder das »Dierksmobil« angemietet, allerdings mit neuen Technikern. Auch diesmal erfolgten die Aufnahmen wieder bei zwei verschiedenen Konzerten, von denen eines in Schweinfurt stattfand. Als besondere Überraschung erschien Chaka Khan, die den von Jürgen komponierten Song »I don't know what to do« live sang. Diese Nummer ist eines der Lieder, die Jürgen mit Chaka aufgenommen hatte, als sie ihn in Haindling besuchte. Völlig ungewöhnlich für Chakas Musik instrumentierte Jürgen das Lied mit zwei Tenorhörnern, einer Tuba, Keyboards und einem Schellenbaum. Chaka sang das marschähnliche Lied, so wie Jürgen es bei der Aufnahme in Haindling gewünscht hatte: »... mit der Würde einer weißen Gräfin«, und das Publikum war hin und weg von dieser eigenwilligen Darbietung.

Anders als bei der »Meuterei«, bei der Jürgen noch alle Bläserspuren von Charlie, Rainer und mir im Studio nochmals neu hatte einspielen müssen, waren die Aufnahmen diesmal so perfekt, dass Jürgen und Roald, als sie die Bänder im Münchener Veriton-Studio nochmals mischten, keinerlei »Overdubbs« vornehmen mussten.

Als ich Chaka nach diesem Auftritt in Los Angeles besuchte, plauderten wir auch über ihren Auftritt bei diesem Konzert, und sie sagte: »Weißt du, Micha, als ich bei euch auf der Bühne stand und das Lied sang, da wollte ich immer meine kleinen ›Addlips‹, das heißt meine kleinen vokalistischen Kunststückchen machen, die ich sonst bei meinen Liedern so einstreue. Aber jedes Mal, wenn ich gerade dazu ansetzen wollte, hörte ich Jürgen in meinem Kopf sagen: ›Sing wie eine weiße Gräfin‹. Und obwohl ich noch nie eine weiße Gräfin singen gehört habe, wusste ich, dass ich mich mit meinen Addlips besser beherrsche, damit ich euch die Aufnahme nicht kaputtmache.«

Ich lachte und sagte: »Warum hast du's nicht einfach krachen lassen? Dann hätten wir im Zweifel halt das Ganze noch mal eingespielt. Dem Schweinfurter Publikum hätt's bestimmt gefallen, denn die wollten ja eh noch mehr von dir hören.«

»Na ja, vielleicht hätte ich's tun sollten«, antwortete Chaka verlegen, »aber als ich mit euch da oben stand und wusste, jetzt läuft das Band, da hab ich mich einfach nicht getraut, denn ich hatte das Gefühl, ›Jürgen's got me on my balls‹.«

Da ich bis dahin Hunderte von Konzerten mit Jürgen gespielt hatte, verstand ich Chaka sofort, aber was sie am Ende ihres Satzes gemeint hat, ist für mich bis heute ein Rätsel.

Der gebrochene Finger

Ende der Neunzigerjahre hatten wir ein Konzert in der Kemptener »Burghalde«. Das ist eine amphitheaterartige Freiluftbühne auf dem Kemptener Burgberg. Wir hatten schon einige Konzerte hinter uns und kamen einigermaßen müde im Allgäu an. Kempten sollte das letzte Konzert der Touretappe sein. Jürgen hatte sich bei den vorhergehenden Konzerten derart verausgabt, dass er völlig heiser war.

»Micha, weißt, was dir ich sag«, krächzte mich Jürgen in unserer Garderobe an, »ich hab total Schiss, dass mir heut beim Konzert meine Stimme wegbleibt. Wir müssen das Konzert absagen.«

»Nein, Jürgen, mach dir mal keine Sorgen«, beruhigte ich ihn. »Nach ein paar Emser Pastillen und einer warmen Milch mit Honig wird deine Stimme das Konzert sicherlich gut überstehen.« »Ich weiß nicht«, erwiderte Jürgen. »Irgendwie hab ich so ein Gefühl, dass heut noch irgendwas passiert. Wir müssen des Konzert absagen.«

»Du kannst doch nicht ein Konzert absagen«, rief unser Tourmanager Lothar Schlessmann besorgt, »das total ausverkauft ist!«

»Das kann schon sein«, meinte Jürgen, »aber was passiert wenn mir die Stimm' wegbleibt?«

»Dann spielen wir für den Rest des Konzertes nur noch die Blasmusik in Moll – als Dauerschleife«, schlug ich ihm lachend vor.

»Gute Idee«, meinte Lothar.

»Ihr habt gut reden, ihr müsst ja nicht singen und ihr werdet dann auch nicht ausgelacht, wenn die Stimme weg is. Nein, ich muss euch sagen, irgendwie hab ich ein schlechtes Gefühl, dass heut noch was passiert. Drum möchte ich das Konzert absagen.«

»Nein, Jürgen, auf keinen Fall«, insistierte Lothar entschieden. »Wir gehen auf die Bühne, und wenn's gar nicht geht, dann sagst du den Leuten halt, dass du Stimmbandprobleme hast. Das werden die schon verstehen.«

»Nein, Ich weiß nicht, zum Schluss muss ich noch die ganze Tour absagen, weil ich meine Stimmbänder überstrapaziert hab.«

»Jetzt mal mal nicht den Teufel an die Wand, Jürgen«, sagte ich und hoffte, die Diskussion zu beenden. »Lass uns lieber endlich mit dem Soundcheck anfangen.«

»Nein, ich kann nicht, ich sag ab«, widersprach Jürgen bestimmt.

Während wir in der Garderobe miteinander diskutierten, hörten wir plötzlich ein lautes Schreien. »Aua, au, Rainer, sag mal, du Depp, spinnst du?«

»Reg dich doch ab, Roald, wenn du ne dicke Lippe riskierst, dann musst auch damit rechnen, dass du mit ner dicken Lippe davonkommst«, plärrte ihn Rainer an.

»Dicke Lippe, du Arsch, dicke Lippe. Wenn's wenigstens eine dicke Lippe wär. Du hast mir grad meinen Finger gebrochen«, stöhnte Roald vor Schmerz.

»Stell dich nicht so an, Roald«, raunzte Rainer. »So schnell bricht ein Finger nicht, und dein durchtrainierter Klavierfinger schon gar nicht.«

»Der tut aber so weh, als ob er gebrochen wär!«

»He, was is'n da los?«, schrie Jürgen über den Platz. »Habt ihr einen Vogel? Müsst ihr euch jetzt vor dem Konzert noch schlagen?«

»He, Rainer«, mischte ich mich ein. »Was geht denn hier ab?«

»Nichts Besonderes, Alter, wir hatten halt gerade eine kleine Meinungsverschiedenheit und sind etwas aneinandergeraten.«

»Deswegen musst du mir aber nicht gleich den Finger brechen«, schrie Roald Rainer an.

»Jetzt wart erst mal ab, ob der wirklich gebrochen ist«, meinte Jürgen. »Als ich beim Bund Sanitäter war, hat's oft so ausgesehn, als ob was gebrochen wär, aber dann war's nur verstaucht. Jetzt schaun wir mal. Geh gleich in die Garderobe und halt den Finger unters kalte Wasser. Ich mach dir eine Schiene, und dann gehst du zum Arzt.«

Roald tat, wie ihm geheißen, verschwand in der Garderobe und kühlte den Finger, während Jürgen ihm die versprochene Schiene aus Pappkarton anfertigte. Nach wenigen Minuten hatte Jürgen den Finger fachmännisch versorgt, und Roald entschwand zum Arzt.

Ein Stunde später kam er zurück und sagte: »Jürgen, hast leider nicht recht gehabt. Das Wasser hat's auch nicht gebracht, der Finger ist gebrochen.«

»Siehst'«, sagte Jürgen, »jetzt müssen wir sowieso aufgeben. Mit einem gebrochenen Finger kannst du nicht spielen, und wir können nicht ohne dich spielen. Ich hab's doch gleich g'sagt, das Konzert fällt somit aus.«

Ein Ausdruck der Erleichterung ging über Jürgens Gesicht. Er ging an sein Mikrofon auf die Bühne, wo unsere Techniker auf den Soundcheck warteten, und sagte: »Meine lieben Freunde, ich muss euch mitteilen, dass das Konzert abgesagt werden muss, weil sich der Roald den Finger gebrochen hat und nicht Klavier spielen kann. Und ohne Roald können wir leider nicht spielen.«

Ein genervtes Raunen ging durch die Reihen, und unsere armen Techniker mussten die ganze Anlage wieder abbauen, ohne dass wir auch nur einen Ton gespielt hatten. Als ich in die Garderobe kam, trat Jürgen auf mich zu und sagte. »Siehst, Micha, ich hab's doch gleich gesagt, dass heut noch was passiert. Ich bin nur froh, dass meine Stimm nicht daran schuld gewesen ist, dass das Konzert heut abgesagt werden musste.«

Die Polizeikontrolle

Im Sommer 2005 hatten wir ein Konzert irgendwo in Franken. Einer unserer Fans hatte uns eine Kiste Frankenwein mitgebracht, die nach der Show dran glauben musste. Jürgen und ich tranken eine gute Flasche Wein, und nachdem die meisten der anderen Bandmitglieder schon ins Hotel zurückgekehrt waren, beschlossen Jürgen und ich, nach Haindling zurückzufahren, wo ich übernachten wollte, bevor es am folgenden Tag zum nächsten Konzert in Oberbayern weitergehen sollte.

»Soll ich fahren, oder fährst du?«, wollte ich von Jürgen wissen.

»Nein, nein«, wiegelte Jürgen ab. »Ich kann fahren, mir geht's gut.«

»Aber du hast einiges mehr getrunken als ich, soll ich nicht doch lieber …?«, fragte ich.

»Nein, lass nur, das passt schon.«

Wir verstauten unser Gepäck im Kofferraum von Jürgens Mercedes, und ich machte es mir auf dem Beifahrersitz gemütlich, während Jürgen fuhr.

Wir fuhren über die A 9 in Richtung Süden und wechselten dann auf die Autobahn nach Regensburg. Kurz nach Regensburg verließen wir die Autobahn und fuhren auf der Landstraße Richtung Straubing. Ich dämmerte im Halbschlaf und genoss die wohlriechende nächtliche Landluft, die von draußen ins Innere des Wagens drang. Plötzlich bemerkte ich, wie Jürgen sich die linke Hand vors linke Auge hielt.

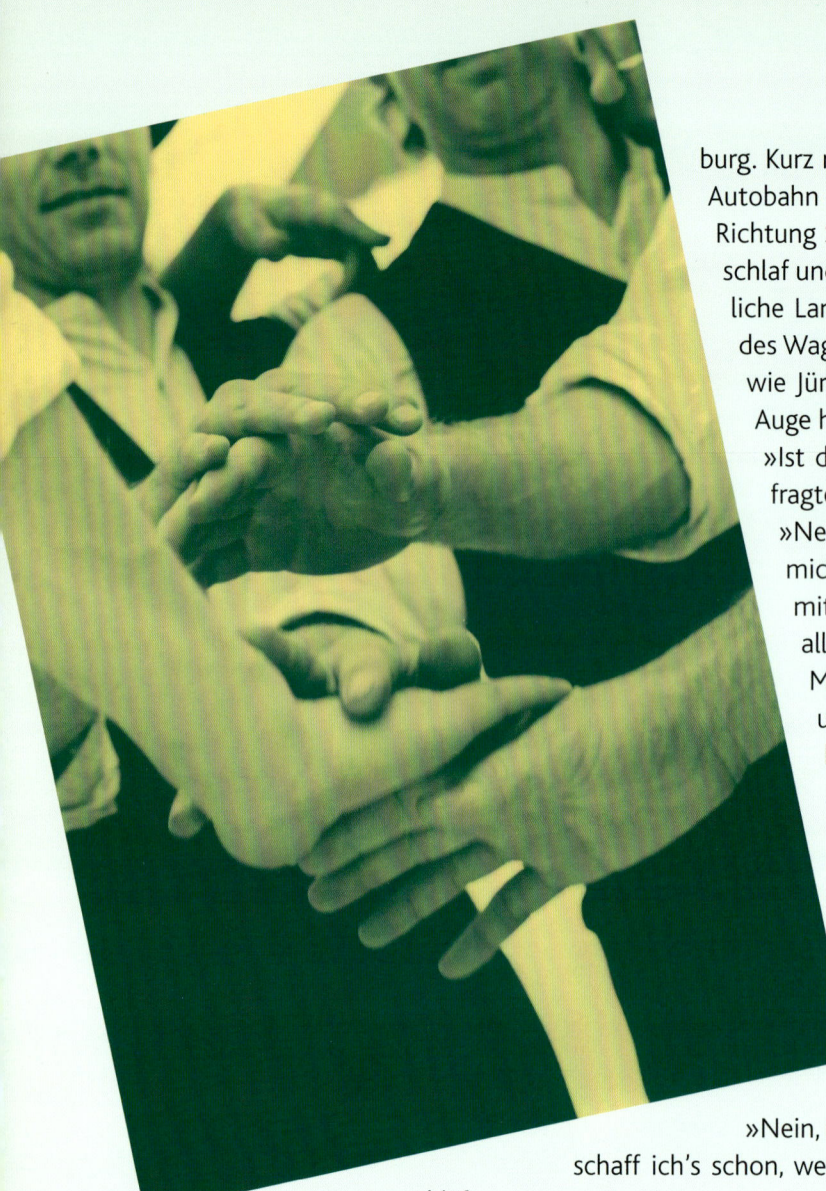

»Ist dir irgendwas ins Auge geflogen?«, fragte ich besorgt.

»Nein, nein, alles o.k.«, versuchte er mich zu beruhigen. »Ich kann halt nur mit einem Auge fahren, weil ich sonst alles doppelt sehe.«

Mich durchfuhr ein heißer Schauer, und in Sekundenbruchteilen war ich hellwach. »Sag mal, bist du besoffen?«, rief ich besorgt.

»Nein, Micha, mach dir keine Sorgen, mir geht's ganz gut, aber ich glaub, dass dieser Frankenwein doch ein wenig stärker war, als ich dachte.«

»Dann lass mich fahren, ich bin ausgeruht, mir geht's gut«, forderte ich.

»Nein, ich fahr schon weiter. Bis Haindling schaff ich's schon, wenn mir nicht vorher der Arm einschläft«, entgegnete Jürgen.

»Nein, das kommt überhaupt nicht in Frage, am nächsten Parkplatz hältst du an, und ich übernehme das Steuer.«

»Nein, ich fahr weiter, aber ich mach eine Zigarettenpause, ruh mich ein bisserl aus, und dann fahren wir weiter.«

Keine zwei Minuten später kam tatsächlich ein Parkplatzschild, und wir fuhren rechts raus. Jürgen parkte den Wagen, stellte den Motor ab und holte seinen Tabak aus dem Handschuhfach. Er nahm sein »Paper«, verteilte den Tabak darauf und wollte gerade das Papier mit der Zunge befeuchten, als es auf einmal an seinem Fenster klopfte.

»Tock, tock!« Pause. Dann wieder: »Tock, tock« und dazu plötzlich eine männliche Stimme: »Hallo, Polizeikontrolle, bitte mal aufmachen.«

Wir erschraken heftig, und zum Glück waren das Schiebedach und mein Fenster offen, sodass sich unsere Alkoholfahnen verflüchtigen konnten. Jürgen ließ das Fenster herunter, und vor seiner Tür standen zwei Polizisten.

»Guten Abend, die Herrschaften, Polizeikontrolle, Fahrzeugpapiere und Führerschein, bitte«, sagte einer der Polizisten in bestimmtem, aber freundlichem Ton. Irgendwie passte sein Bayrisch aber nicht in die Straubinger Gegend, und uns war klar, dass der nicht von hier war. Jürgen holte seine Papiere aus dem Handschuhfach und reichte sie dem jüngeren der beiden.

»So, Herr Buchner, wo kommen Sie denn her?«, wollte der Kleine wissen.

»Ich komme von einem Konzert«, antwortete Jürgen.«

»Haben Sie Alkohol getrunken?«, wollte der andere Polizist wissen.

»Ich? Alkohol? Ja kennen Sie denn meine Musik nicht?««, blaffte Jürgen die Polizisten an. Da die beiden an ihrer Reaktion Ratlosigkeit erkennen ließen, setzte Jürgen nach: »Spinni, oder bin i im Himmi, Mhm, du schaugst aber guad aus, du Depp, i hob di lang scho nimma gsehn!«

Jetzt schaute der Kleine den Großen mit verwunderter und verärgerter Miene an, und wir wussten, jetzt wird's gefährlich.

»Sie, jetzt werden S' bloß nicht unverschämt«, erwiderte der größere der beiden.

»Wieso?«, antwortete Jürgen, »das sind doch nur meine Texte. Ich wollte mich euch doch nur mal vorstellen, damit ihr endlich wisst, mit wem ihr's zu tun habt.«

»Du, Erwin«, sagte der Kleine, »wenn du mich fragst, der hat 'nen totalen Schlag. Komm, wir fahren weiter.«

Der Große reichte Jürgen die Papiere zurück, wünschte eine gute Weiterfahrt, setzte sich in seinen Streifenwagen und fuhr vom Parkplatz.

»Das war verdammt knapp, Jürgen«, sagte ich und atmete erleichtert durch. »Du hast mehr Glück als Verstand!«

»Das war kein Glück, sondern das waren meine Texte«, antwortete er. »Weißt, Micha, dass ich mit denen die Leut zum Lachen bringen kann, das hab ich mittlerweile bemerkt. Aber dass meine Texte mir mal meinen Führerschein retten würden, daran hätt ich im Leben nie gedacht.«

Zwischenlandung

Das 1998 veröffentlichte Album »Zwischenlandung« war das letzte Studioalbum, das die »alte Band« erlebt hat. Jürgen hatte mit dem Titelsong »Zwischenlandung« ein wunderschönes Instrumental komponiert, das auch beim Livekonzert eine grandiose Stimmung in der Konzerthalle erzeugte.

Wie so oft schon, hatte Jürgen auch auf diesem Album wieder einmal seine seherischen Fähigkeiten unter Beweis gestellt, indem er in dem Song »Der Mensch muss auf den Mars« die Utopie einer Besiedelung des Roten Planeten durch den Menschen in Frage stellte. Er nahm damit die rund zwei Jahre später folgende öffentliche Diskussion über die Möglichkeit des »Terraforming« auf unserem Nachbarplaneten musikalisch vorweg.

Neben »Zwischenlandung« enthielt das Album auch andere Instrumentals wie das durch spanische Flamencogitarre und melancholische Trompeten geprägte »Vamos« oder »Die Tänzerin«, in denen Jürgen Klavierimprovisationen à la Eric Satie mit orientalischen Percussiongrooves verwob. Obwohl das Album mit »Bayern« auch die Haindling-typischen Persiflagen auf das bayerische Dumpfbackentum oder philosophisch-evolutionäre Lebensbetrachtungen wie »Ich war ein Nilpferd« enthielt, gab es bis zu »Zwischenlandung« für mich kein Haindling-Album, das die Bezeichnung »bayerische Weltmusik« besser geprägt hätte als dieses Album.

Obwohl die Single »Ich liebe dich« dem Album nicht in gleicher Weise zum Erfolg verhelfen konnte wie zuvor »Lang scho nimma gsehn«, »Du Depp« oder »Spinni« den zugehörigen Alben, ist die »Zwischenlandung« für mich eines der besten Haindling-Alben überhaupt.

Die neue Band

Ende der Neunzigerjahre vollzog sich nach fast 17 Jahren unveränderter Besetzung der erste Wechsel in der Band. 1999 verließ Rainer die Band, weil er in das Unternehmen seines Vaters einstieg und daher neben Job und Familie keine Zeit mehr für Haindling aufbringen konnte. Seine Position wurde von Reinhold Hoffmann übernommen.

Reinhold Hoffmann
Reinhold spielt neben Keyboards und Horn auch Saxophon, Oboe und Akkordeon. Als Berufsmusiker arbeitet er auch als Filmmusikkomponist und spielt neben Haindling auch noch in verschiedenen anderen Bands.

Im Frühjahr 2000 entschloss sich Charlie, sich auf seine schauspielerische Karriere zu konzentrieren. Da er mehr und mehr Filmangebote und andere Engagements bekam, kam es zunehmend zu Kollisionen mit den Haindling-Terminen. Deshalb verließ er die Band und wurde durch Wolfgang Gleixner ersetzt.

Wolfgang Gleixner

Wie Charlie spielt auch Wolfgang Bass, Tuba und Percussion und ist darüber hinaus noch ein sehr guter Gitarrist. Wolfgang wurde von der berühmten »Blue Man Group« als »String-Player« verpflichtet und spielte lange Zeit in dem Berliner »Blue Man Ensemble« Bass, Stick, Gitarre ,eine spezielle Zither und Percussion.

2004 verließ schließlich Roald Raschner die Band, um sich dem Aufbau seiner eigenen musikalischen Karriere zu widmen. Seinen Part in der Band übernahm Michael »Mufty« Ruff.

Michael »Mufty« Ruff
Mufty ist neben mir der einzige Badener (Badenser) in der Band. Er spielt neben Klavier auch Gitarre und hat in zahlreichen Bands und Studioproduktionen mitgewirkt. Mufty hat ein eigenes Studio in München, in dem er seine eigene Musik komponiert und produziert und wo wir uns häufig und gerne zum Proben, Komponieren und Jammen treffen.

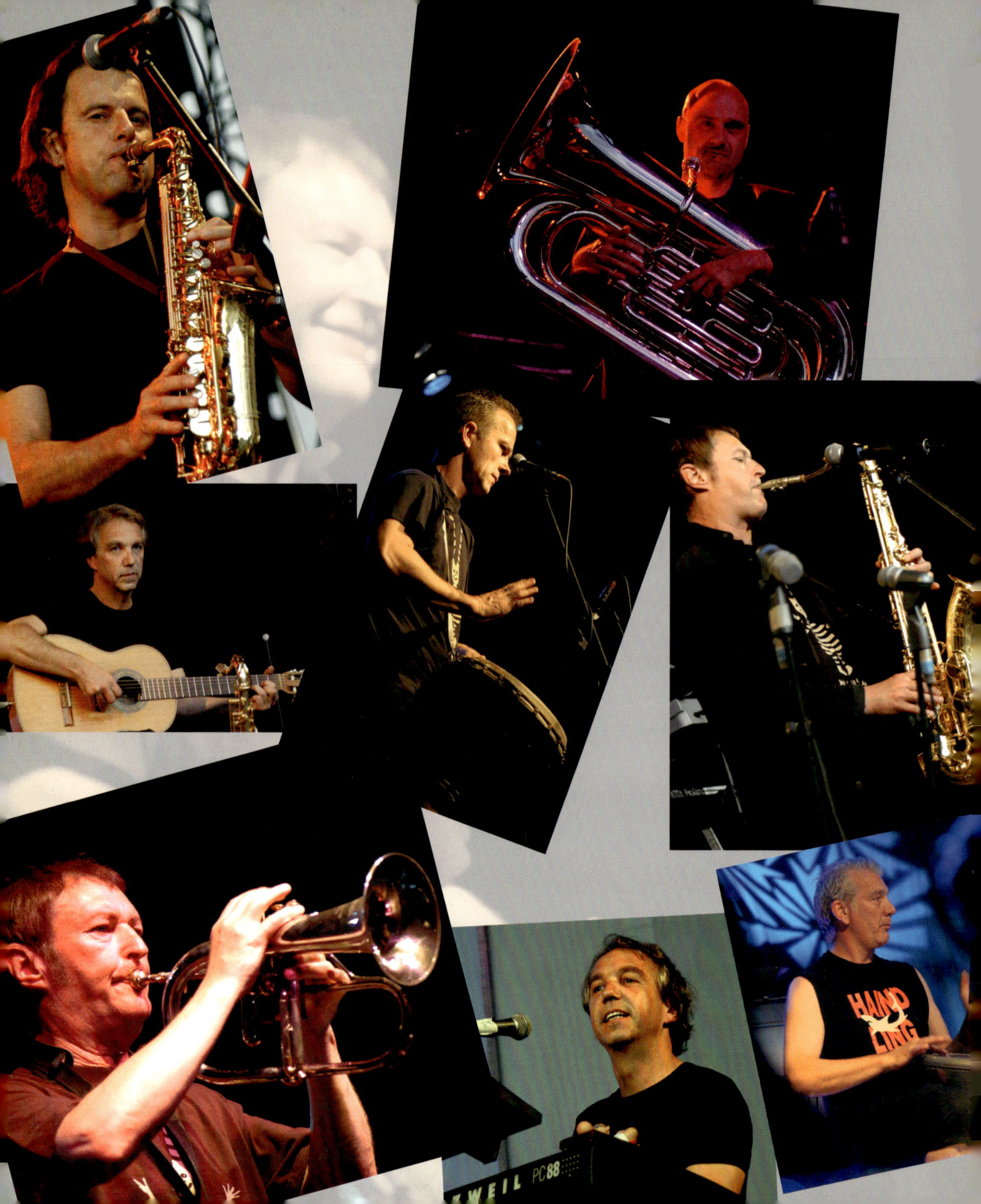
HAIND
LING
PC88

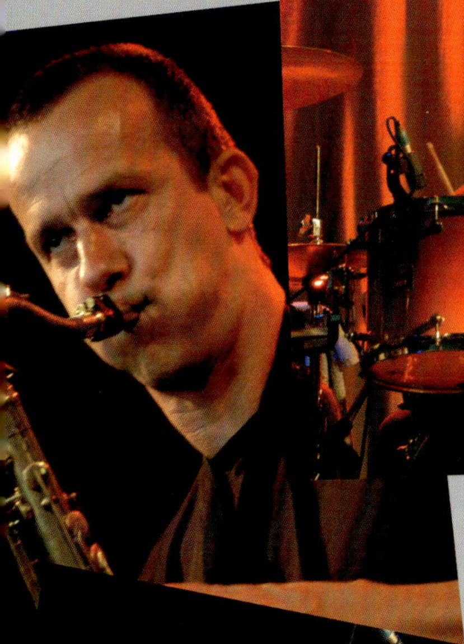
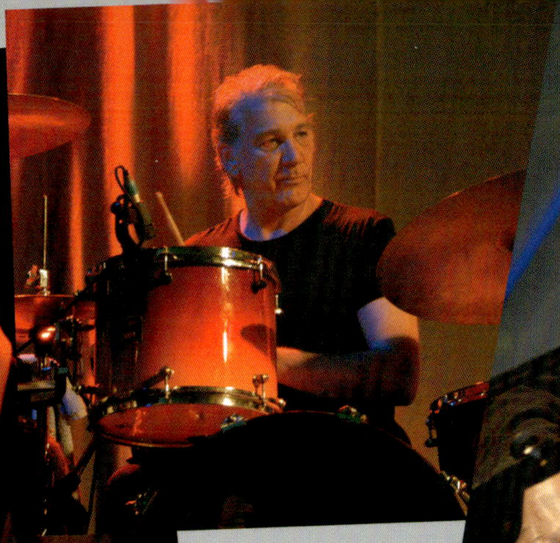
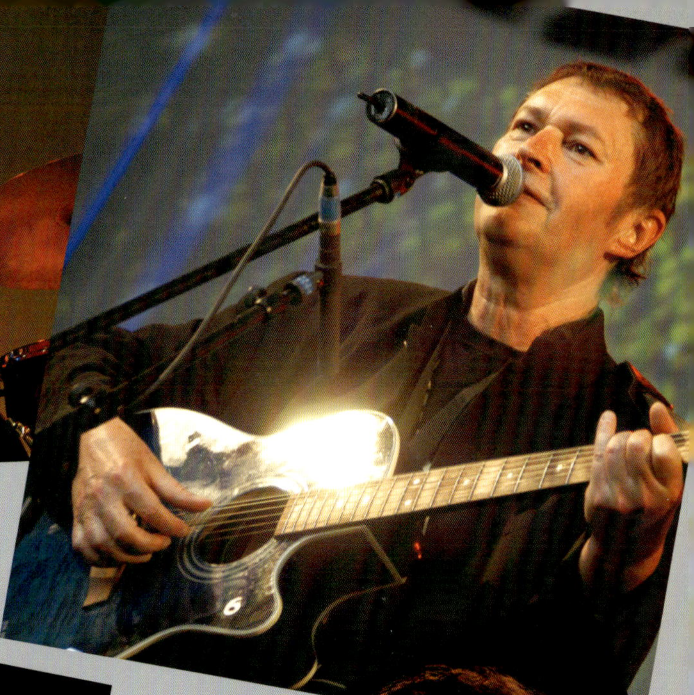
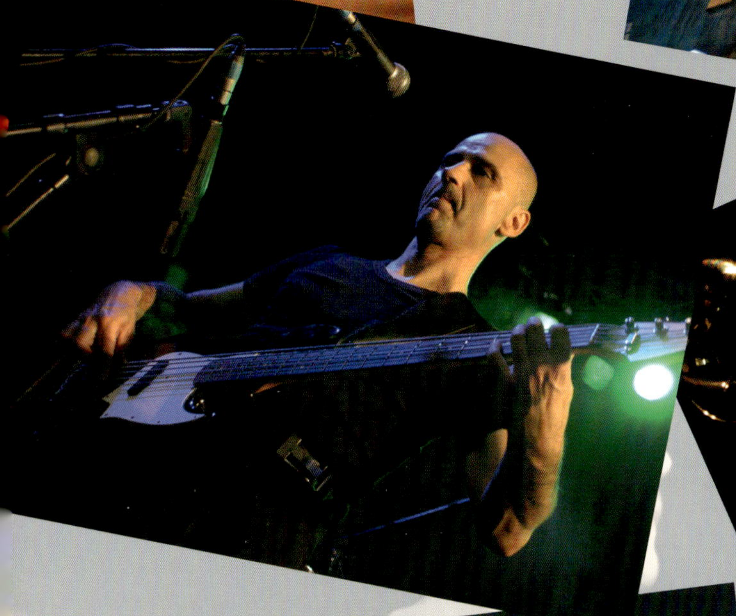
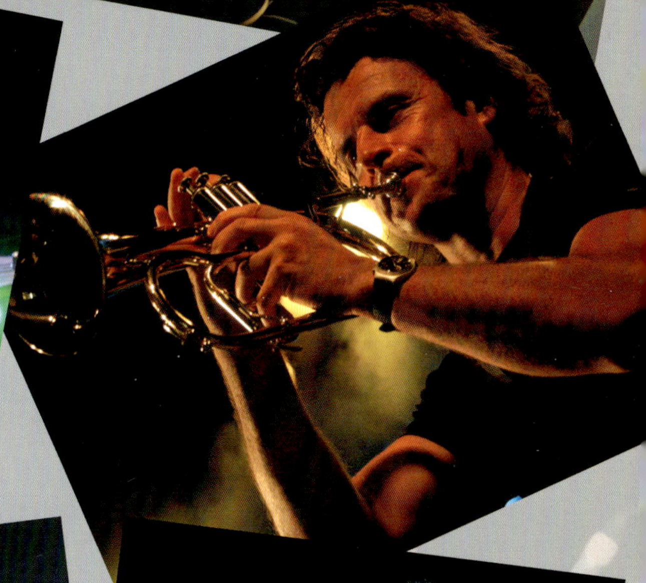
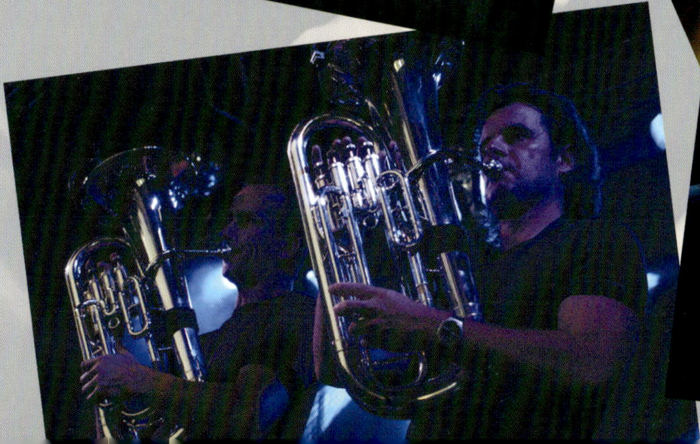
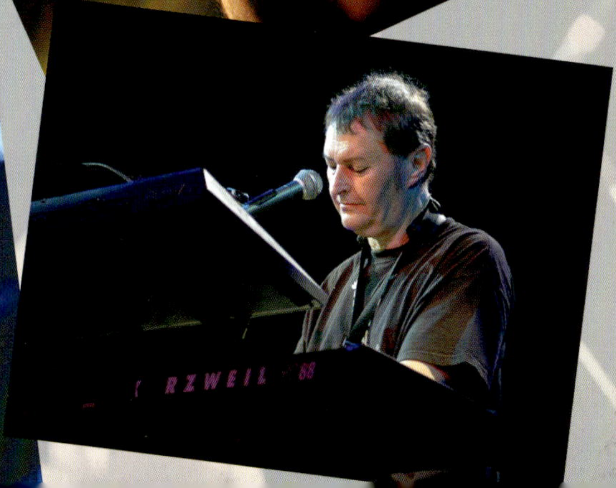

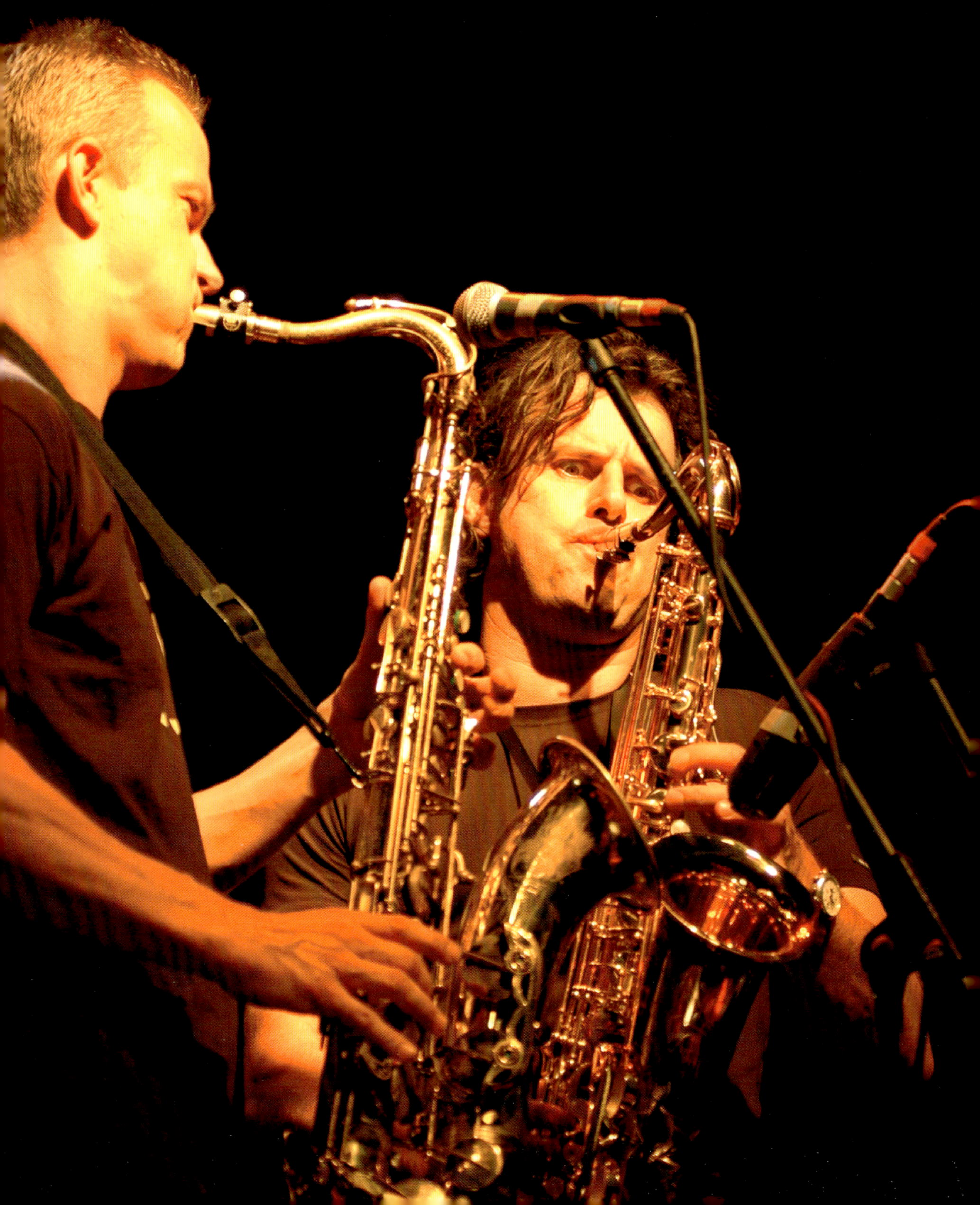

Filmmusik

Der Film »Xaver und sein außerirdischer Freund« des mittlerweile verstorbenen Regisseurs und Filmemachers Werner Possart war der erste Streifen, für den Jürgen Anfang der Achtzigerjahre die Filmmusik machte. »Xaver«, in dem Charlie eine Hauptrolle besetzte, war für lange Zeit ein bayerischer Kultfilm, und aus diesem Grunde war es auch kein Wunder, dass Jürgen als Filmmusiker in der bayerischen Filmszene schnell bekannt wurde.

Der Durchbruch als Filmkomponist gelang Jürgen 1986 durch die Fernsehserie »Irgendwie und sowieso« des Münchener Regisseurs und Filmemachers Franz X. Bogner, in der Ottfried Fischer und Michaela May die Hauptrollen spielten. Die Titelmelodie »Irgendwie und sowieso« ist eines der schönsten Haindling-Instrumentals und mein einziger Tenorhorn-Solopart im ganzen Programm. Obwohl der Titel mehr als zwanzig Jahre alt ist, gibt es keinen Besucher unserer Konzerte, der ihn nicht kennt.

1987 drehte Franz X. Bogner die legendäre TV-Serie »Zur Freiheit«, mit Ruth Drechsel, Michaela May und Ernst Hannawaldt in den Hauptrollen. Dieser Serie entstammt Haindlings berühmtester Filmsong, »Paula«, der bis heute – nach »Lang scho nimma gsehn« – als populärstes Haindling-Lied bezeichnet werden kann. Was »Satisfaction« und »Sympathy for the Devil« für die Rolling Stones sind, bedeuten »Lang scho nimma gsehn« und »Paula« für Haindling – Hymnen, die wir bei jedem Konzert spielen müssen, damit unser Publikum uns von der Bühne lässt.

Jürgens musikalische Vielseitigkeit führte dazu, dass noch mehrere andere TV-Serien wie das ebenfalls von F. X. Bogner produzierte »Café Meineid« oder dessen Serie »Schexing« von Haindling musikalisch untermalt wurden. Aber Jürgen hat nicht nur für Serien, sondern auch für zahlreiche TV-Spielfilme die Filmmusik komponiert, so zum Beispiel für »Der Schandfleck«, »Das ewige Lied«, »Madame Bäurin«, »Margarethe Steiff« und viele mehr.

Einen besonderen Höhepunkt in seinem filmmusikalischen Schaffen stellt die Filmmusik zur vierteiligen Serie »Polt« dar, zu der Jürgen Antonio Vivaldis »Vier Jahreszeiten« mit Blasinstrumenten nachspielen musste. Weil dies sowohl Jürgen als auch der BMG so gut gefiel, beschloss man, aus den Aufnahmen eine eigene CD zu machen. Da aber die »Vier Jahreszeiten« nicht ausreichen, um ein komplettes Album zu füllen, komponierte Jürgen gleich noch seine eigene Interpretation dieses Klassikers der musikalischen Weltliteratur, und so finden sich auf dem Album »Haindling Vivaldi« insgesamt acht Jahreszeiten – vier von Vivaldi und vier von Haindling.

Nachdem Jürgen als Filmkomponist im Lauf der Jahre mehr als vierhundert Stunden Filmmusik geschrieben hatte, wagte die BMG-Ariola im Jahr 2000 das Experiment der Veröffentlichung eines reinen Haindling-Filmmusikalbums. Trotz einiger interner Widerstände innerhalb der Ariola und ohne nenneswertes Werbebudget schaffte das Album, quasi aus eigener Kraft, den Weg in die deutschen CD-Charts, wo es sich wochenlang auf durchaus respektablen mittleren Rängen halten konnte.

Wegen seiner großen Erfolge auf dem Gebiet der Filmmusik bekommt Jürgen nach wie vor mehr Angebote, Filmmusiken zu komponieren, als er wahrnehmen kann. Sein filmmusikalisches Schaffen hat aber auch die Haindling-Songs und unsere Livekonzerte entscheidend geprägt, und es ist auch ein Grund für die riesige musikalische Bandbreite dieser Band.

Das Bühnensakko

1985 kaufte ich beim renommierten Münchener Herrenausstatter Hirmer für 350 Mark ein schwarzes Stehkragensakko. Obwohl das Sakko eine Nummer größer hätte sein können, gefiel es mir bei der Anprobe so gut, dass ich es unbedingt haben musste. Weil es aber nicht nur mir, sondern auch meinen Bandkollegen so gut gefiel, beschloss ich, es bei den Haindlingkonzerten zu tragen. Jürgen fiel mein Sakko sofort auf, und weil es einen Stehkragen hatte, hielt er es für eine gute Alternative zu den Jacken, die er bei seinen Auftritten so zu tragen pflegte.

Jürgens Jacken waren unglaublich. Die eine bestand aus Leopardenfellimitat, eine andere aus giftgrünem Satin und eine weitere, die »Blitzjacken«, präsentierte sich als ein schwarzes Etwas, das mit gelben Blitzen verziert war. Jürgens Jacken waren Teil seines schrillen Bühnenoutfits und sind heute noch kultig.

Obwohl er einen völlig anderen Geschmack hat, verliebte sich Jürgen total in mein Sakko. »Lass mich mal anziehen«, forderte er mich nach einem Konzert auf. Ich gab ihm das Kleidungsstück, er zog es an, und es passte perfekt. Er gefiel sich in dem Sakko so gut, dass ich spontan beschloss, es ihm zu schenken. Jürgen hat zwar später behauptet, ich hätte es ihm gegeben, weil ich ihm Geld schuldete, aber soweit ich mich an die Geschichte erinnern kann, schenkte ich es ihm, weil es ihm so gut gefiel und weil er mir in dem Sakko ebenso gut gefiel wie er sich selbst.

Das Sakko wurde von da an zum festen Bestandteil von Jürgens Garderobe, und zwar auf und hinter der Bühne, privat und geschäftlich – wann immer Jürgen »offiziell« auftrat, war das Stehkragensakko dabei. Da Jürgen dieses Sakko selbst auf der Bühne fast nie auszog, war es besonders während der Sommerkonzerte mit Schweiß getränkt. Manchmal war es so verschwitzt, dass sich auf dem schwarzen Stoff weiße Flecken und Linien bildeten. Das gute Stück sah manchmal so ramponiert aus, dass ich das Gefühl hatte, irgendwann einmal müsse es ihm mit der Pinzette ausgezogen werden.

Zu unserem zwanzigsten Bühnenjubiläum dachten wir darüber nach, was wir Jürgen schenken könnten. Die Überlegungen gingen von einer Kiste edlem Rotwein bis hin zu einem neuen Instrument. Irgendwann kam ich auf die Idee. »Warum schenken wir ihm nicht ein neues Bühnensakko?«

Als Erstes dachte ich an Rudolph Moshammer, den mittlerweile verstorbenen Münchener »Modezaren«. Ich ging in sein Geschäft in der Münchener Maximilianstraße, um unser Problem mit ihm zu besprechen. Im Laden angekommen, schaute ich mich um. Mosi war offenbar nicht anwesend, aber an seiner Statt empfing mich ein Angestellter, der mich mit eher kritischen Blicken musterte, weil er sofort erkannte, dass ich keinesfalls zur typischen Mosi-Zielgruppe gehörte.

»Grüß Gott, mein Name ist Michael Braun, kann ich bitte Herrn Moshammer sprechen?«, stellte ich mich vor.

»Worum geht es bitte«, wollte der Verkäufer wissen.

»Ich bin Mitglied der Gruppe Haindling und wollte zum zwanzigsten Bühnenjubiläum unserer Band für unseren Bandleader Jürgen Buchner ein neues Bühnensakko schneidern lassen. Wir haben eine Fernsehaufzeichnung unseres Konzertes, und vielleicht hat Herr Moshammer ja Lust …«

»Tut mir leid, dazu kann ich jetzt nichts sagen. Herr Moshammer ist heute nicht da, weil er sich auf seinen Theaterauftritt vorbereiten muss. Bitte rufen Sie doch morgen unter dieser Nummer an, dann sehen wir weiter.«

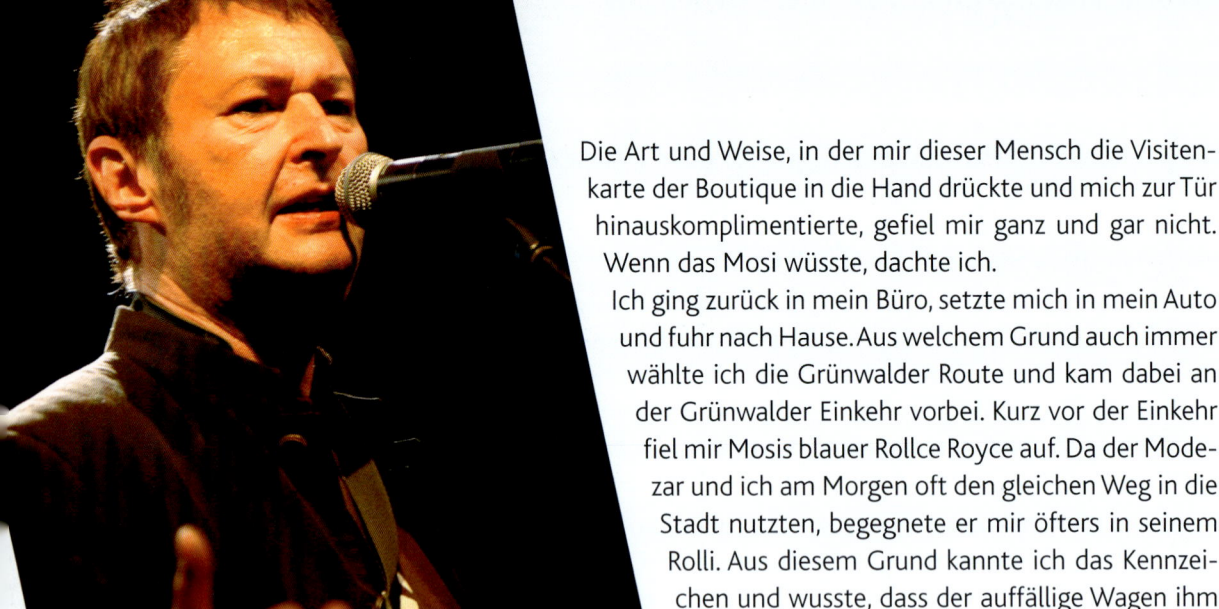

Die Art und Weise, in der mir dieser Mensch die Visitenkarte der Boutique in die Hand drückte und mich zur Tür hinauskomplimentierte, gefiel mir ganz und gar nicht. Wenn das Mosi wüsste, dachte ich.

Ich ging zurück in mein Büro, setzte mich in mein Auto und fuhr nach Hause. Aus welchem Grund auch immer wählte ich die Grünwalder Route und kam dabei an der Grünwalder Einkehr vorbei. Kurz vor der Einkehr fiel mir Mosis blauer Rollce Royce auf. Da der Modezar und ich am Morgen oft den gleichen Weg in die Stadt nutzten, begegnete er mir öfters in seinem Rolli. Aus diesem Grund kannte ich das Kennzeichen und wusste, dass der auffällige Wagen ihm gehörte. Ich hielt an und ging in das Lokal. Die Gaststube war völlig leer, nur in der hintersten Ecke saß Mosi und löffelte eine Suppe.

»Hallo Herr Moshammer«, rief ich, »darf ich Sie mal kurz stören?«

Mosi schaute kurz von der Suppe auf, musterte mich kritisch und warf dann einen auffordernden Blick auf seinen Begleiter, der gleichzeitig Fahrer und Bodyguard war.

»Tut mir leid, vielleicht besser morgen«, wimmelte der mich ab. Der Fahrer war offenbar von der gleichen Sorte wie der Verkäufer, der mich schon im Laden abgefertigt hatte.

»Herr Moshammer ist sehr erschöpft und muss sich auf seinen Theaterauftritt vorbereiten, tut mir wirklich leid«

Du kannst mir den Schuh aufblasen, dachte ich. Das hab ich doch nicht nötig. Wenn du nicht willst, dann find ich schon einen anderen. Ich machte auf dem Hacken kehrt und verließ raschen Schrittes das Lokal.

Auf der Heimfahrt überlegte ich, wen ich statt Mosi mit meinem Auftrag beglücken könnte. Bald hatte ich die rettende Idee. Neben meinem Büro im Münchener Lehel befand sich das Atelier einer türkischen Schneiderin, bei der ich oft meine Anzüge ändern ließ. Ich wusste, dass die Schneiderin oft ganze Anzüge kopierte, und die Arbeit, die sie bei meinen Änderungswünschen ablieferte, war stets tadellos.

Gleich am nächsten Morgen ging ich zu der Schneiderin und feilschte bei einer Tasse Tee über den Preis einer Maßanfertigung nach dem Muster meines alten Sakkos. Schließlich einigten wir uns auf einen sehr angemessenen Preis. Das Problem war nun nur noch, des Originals habhaft zu werden, das »gefälscht« werden sollte.

Ich rief Jürgens Frau Ulli an und überredete sie, mir das Sakko zu schicken. Da Jürgen dieses Stück aber auch außerhalb der Haindling-Auftritte permanent in Anspruch nahm, hatte ich nur drei Tage Zeit.

»Ich muss das Sakko eh in die Reinigung geben, weil's schon wieder vor lauter Schweiß völlig weiß ist«, meinte sie. »Wenn der Jürgen das Ding noch weiter trägt, sieht er darin bald aus wie ein Zebra. Ich sag halt dann, dass die Reinigung länger gebraucht hat, wenn er nach dem Sakko fragt. Aber du musst versprechen, dass ich's in drei Tagen wieder habe.«

Ein Tag per Post von Haindling nach München, ein Tag von München nach Haindling, das gab der armen Schneiderin nur einen Tag zum Maß nehmen.

»Herr Braun, kann der Herr nicht einfach bei mir vorbeikommen, damit ich richtig Maß nehmen kann?«

»Nein, Frau Senol, das geht leider nicht, denn es soll ja eine Überraschung werden. Aber Ihr Sakko kommt ins Fernsehen. Das kann ich Ihnen versprechen. Geben Sie bitte Ihr Bestes!«

Frau Senol legte sich ins Zeug, vermaß Jürgens Sakko und fertigte Schnittmuster an. Am gleichen Abend ging ich in ihr Atlelier, um die alte Jacke abzuholen, damit ich sie rechtzeitig auf die Post bringen konnte.

»Also, Herr Braun, ich kann keine Garantie dafür übernehmen, dass das richtig passt. Der Herr muss unbedingt noch zum Abändern kommen, verstehen Sie. Ich habe übrigens noch das Innenfutter geflickt, das war ja total verschlissen. So konnte ich das Sakko auf keinen Fall zurückgeben. So kann man doch nicht rumlaufen!«

Nach einigen Tagen war das Kleidungsstück endlich fertig, und Frau Senol zog es einem auf einem Metallständer postierten Korpus über.

»Schaut gut aus«, sagte ich anerkennend.

»Schön, dass es Ihnen gefällt«, erwiderte sie freundlich, »aber sagen Sie dem Herrn, er muss noch mal zum Abändern kommen. Das ist natürlich im Preis inbegriffen.«

Ich nahm das Sakko mit und brachte es heimlich in die Garderobe des Zirkus Krone. Wir hatten geplant, Jürgen das Geschenk während des Jubiläumskonzertes vor versammeltem Publikum zu überreichen.

Nach der Nummer »Das Kleidungsproblem« unterbrachen wir das Konzert für eine kleine Spezialeinlage und präsentierten unserem Bandleader zur »Lösung seines Kleidungsproblems« das neue Sakko. Jürgen war von dem Präsent völlig überrascht und fragte: »Sagt mal, habt ihr vielleicht die Jacke gehabt? Jetzt wird mir alles klar!«

Jürgen probierte das Sakko gleich auf der Bühne an, und wie von Frau Senol schon befürchtet, war es mindestens zwei Nummern zu groß. Er überging den Mangel mit Fassung, zog das Stück unter dem Beifall des Publikums an und danach gleich wieder aus.

Nachdem wir das Konzert beendet hatten, kam er zu mir in die Garderobe: »Du, Micha, der Schneider, der mein Bühnensakko g'habt hat, der hat es total kaputt gemacht. Das find ich fei nicht lustig.«

»Wieso kaputtgemacht?«, fragte ich.

»Na ja, bei dem Sakko ist irgendwas mit dem Innenfutter passiert, irgendwie ist das jetzt anders, das ist jetzt total kaputt.«

Da die Schneiderin mir erzählt hatte, dass sie lediglich das Innenfutter geflickt habe, ist mir bis heute nicht klar, was Jürgen überhaupt meinte. Allerdings fiel mir dazu die Geschichte von Jürgens Nachbarin in Haindling ein, die ihrem Enkel die Jeans flickte und sagte: »Mei, Herr Buchner, jetzt stellen Sie sich das vor: Da hat mein Enkel einen riesen Triangel im rechten Knie von seinen Jeans. Und als ich das Loch gestopft hab, schimpft er mich aus und sagt: ›Oma, jetzt hast meine schöne Jeans kaputtgemacht.‹ Nein, Herr Buchner, da komm ich nimmer mit!« Und ich dachte mir im Stillen, dass die Leute in Haindling eben ihre ganz eigene Einstellung zu dem Thema Mode haben.

Wie dem auch sei, Jürgen hat das Jubiläumssakko niemals getragen und ist auch nie zum Ändern gegangen. Ich befürchte, dass sein altes Bühnensakko noch weitere 25 Jahre durchhalten muss. Solange er nicht darin beerdigt werden möchte, soll's mir recht sein.

Der »Schoaßblosn-Bossa«

Im April 2003 veranstaltete die Bayerische Staatsregierung in Montreal eine bayerische Wirtschaftswoche. Als musikalische Botschafter des guten bayerischen Musikgeschmacks wurden wir nach Kanada eingeladen, um vor den Spitzen der kanadischen und bayerischen Politik und Wirtschaft zu spielen.

Nach einem viel zu langen Flug kamen wir endlich in Montreal an und wurden von Philip, einem netten Staatssekretär, am Flughafen abgeholt. Wie sich's für einen Staatsbesuch gehört, wurden wir im noblen Ritz-Carlton untergebracht. Das Ritz-Carlton war wie die meisten Hotels dieser Kette ein nobler, aber spießiger Laden und alles andere als eine Unterkunft für Rock'n'Roller. Gelage an der Hotelbar oder nächtliche Minibarpartys waren wegen der horrenden Preise nicht angesagt. Aus diesem Grund schwärmten wir, gleich nachdem wir eingecheckt hatten, in die Innenstadt von Montréal aus, um uns mit Spirituosen und sonstiger Verpflegung, einzudecken. Jürgen und Peter fuhren mit dem Taxi gleich nach Chinatown, wo sie eine chinesische Ente kauften. Als wir am Abend von unserer Einkaufstour zurückkamen, quetschte sich ein Mitglied der bayerischen Delegation, das ebenfalls im Hotel wohnte, in unseren Lift.

»Was habt ihr denn da in der Plastiktüte?«, fragte der Herr.

»Eine chinesische Ente«, antwortete Jürgen stolz.

»Was um Himmels willen macht ihr denn mit einer chinesischen Ente im Ritz?«, wollte er nun wissen.

»Die essen wir auf unserem Zimmer«, antwortete Peter selbstbewusst.

»Ja, aber warum geht ihr nicht ins Hotelrestaurant, wenn ihr einen Hunger habt?«, fragte er mit kritischer Miene weiter.

»Weil mir sofort der Appetit vergeht, wenn ich die Preise auf der Speisekarte seh!«, antwortete Peter kurz.

»Das kann ich gut verstehen«, lachte der Diplomat. »Ich hab ja in dieser Hinsicht schon viel erlebt, aber das ist wirklich der Hammer, was die hier aufrufen.«

Jürgen und Peter machten sich in Jürgens Suite über die Ente her, und Reinhold, Roald, Wolfgang und ich wagten uns trotz aller Warnungen an die Hotelbar.

Das Galakonzert am nächsten Tag war ein Volltreffer. Wir waren der letzte musikalische Beitrag des Abends, zu dem der bayerische Ministerpräsident Edmund Stoiber, der eigens aus München zu einer Stippvisite angereist war, geladen hatte. Aufgrund der internationalen Gäste begrüßte ich Stoiber und seinen kanadischen Kollegen in meinem besten Französisch und moderierte unsere Stücke von Zeit zu Zeit auf Englisch an. Das Publikum, das zuvor mit klassischer Musik in eine ernste Stimmung versetzt worden war, reagierte begeistert auf unsere Darbietungen, weil die meisten Zuhörer eine solche Musik noch nie gehört hatten – und Stoiber war mächtig stolz darauf, mit Haindling einen kulturellen Beitrag zur bayerisch-kanadischen Völkerverständigung geleistet zu haben.

Nach der Show ging ich zum Champagnerempfang, und als ich die Treppe zum Foyer herunterkam, winkte mich Edmund Stoiber zu sich und sagte: »Also, Herr Braun, Glückwunsch zu diesem Auftritt, das war toll, Spitzenklasse, äh, ja, wie soll ich sagen? Das war aus musikalischer Sicht das, was, äh, Bayern in musikalischer Weise charakterisiert, also, irgendwie könnte man sagen, äh, Haindling ist wie Laptop und Lederhosen, musikalisch meine ich.«

Ich bedankte mich höflich für das Lob und dachte: Endlich ist mir klar, was ich zu sagen habe, wenn mich mal wieder ein Unwissender fragt, was Haindling für eine Musik macht. Danke, Edmund, jetzt weiß ich endlich Bescheid.«

Am nächsten Vormittag fand Jürgen ein Geschäft, in dem alle Artikel nur einen kanadischen Dollar kosteten. Als ich am

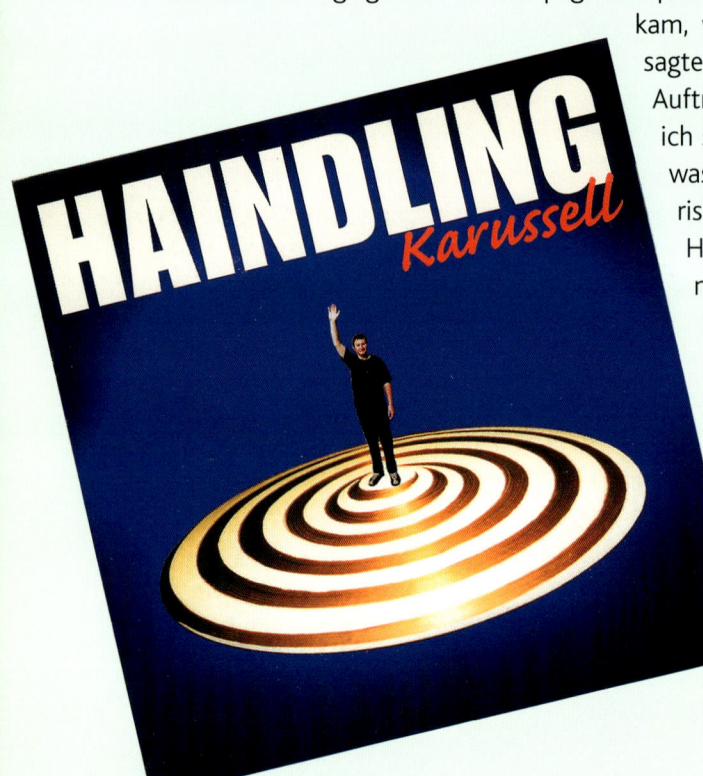

Nachmittag vor unserer Abfahrt zum Soundcheck in der Lobby sass, kam er freudestrahlend auf mich zu und sagte: »Schau mal, Micha, was ich gekauft hab.«

Er wühlte in einer weißen Plastiktüte und fischte ein kleines »Whoopy Cushion«, ein Furzkissen, heraus.

»Eine ›Schoaßblosn‹, was willst du denn mit der ›Schoaßblosn‹?«, lachte ich.

»Musik machen, was denn sonst«, entgegnete Jürgen. »Die ›Schoaßblosn‹ haben nur einen Dollar pro Stück gekostet, da hab ich gleich zehn Stück mitgenommen.«

»Ja, wunderbar, dann nehmen wir die gleich mit zum Konzert, dann ham wir alle was davon«, schlug ich Jürgen vor. »Nein, nein. Wir nehmen die nicht mit zum Konzert, sondern in die Hotelbar nach dem Konzert. Wenn die Staatssekretäre wieder in die Bar kommen, dann machen wir mit denen eine ›Schoaßblosn-Session‹«. Ich haute mir vor lauter Vorfreude auf die Schenkel und begab mich mit Jürgen zum Ausgang, wo schon die anderen auf uns warteten, um zum Soundcheck zu fahren.

Nach unserem Konzert in einem berühmten Musikclub in der Altstadt von Montreal, fuhren wir so schnell wir konnten wieder zurück ins Ritz. Nachdem wir geduscht und uns frisch gemacht hatten, trafen wir uns in der Hotelbar. Die entsprach vollkommen dem üblichen Klischee: dunkles Holz, gedämpfte Musik, ein paar lonely Hearts am Tresen, Pärchen und Geschäftsleute an den Tischen. Als ich zusammen mit Reinhold die Bar betrat, hörten wir schon leises Gekichere von der Bar, das sich mit rhythmischem »Pft-Pft« oder »Brrt- Brrt« abwechselte. Jürgen, Peter und Lothar standen schon an der Bar und alberten zum Vergnügen des Barkeepers mit den Furzkissen herum.

Jeder von uns wurde von Jürgen, der am Nachmittag nochmals weitere zehn »Schoaßblosn« nachkaufen ließ, mit mindestens einem Furzkissen ausgestattet. Kurz nach 23.00 Uhr kamen schließlich alle Staatssekretäre und Diplomaten mit Entourage geschlossen in die Bar, um den Abschluss des Tages zu begießen.

»Wollt's mit uns Musik machen?«, fragte Jürgen Philip und seine Kollegen.

»Ja, warum nicht«, antwortete Philip, nicht ahnend, worauf er sich damit eingelassen hatte. »Dann nimmt jetzt jeder eine ›Schoaßblosn‹, und dann machen wir eine ›Schoaßblosn-Session‹«, ordnete Jürgen an.

Die Diplomaten trauten ihren Augen nicht, als sie von Jürgen die Furzkissen überreicht bekamen, und brachen in schallendes Gelächter aus. Die Stimmung in der steifen Runde lockerte sich in Minutenschnelle, einer nach dem anderen öffnete Krawatte und Hemdkragen, krempelte die Hemdsärmel auf und furzte inbrünstig mit den »Schoaßblosn«.

Während wir alle mit den Furzkissen herumalberten, bemerkte ich, dass sich die anderen Gäste nach und nach aus dem Staub machten. Es dauerte keine Viertelstunde, und wir hatten die Bar für uns. Der Barkeeper und sein Kollege hatten selbst einen Riesenspaß, und nachdem der letzte Gast die Bar verlassen hatte, drehte der Barkeeper die Stereoanlage auf, damit wir zu dem Loungejazz, den er spielte, die entsprechende rhythmische Untermalung produzieren konnten. Auf einmal erklang mein Lieblings-Bossa »The Girl from Ipanema«. Sobald der Rhythmus des Liedes erklang, setzte eine grandiose Kakophonie ein, und alle versuchten, mit zwei Furzkissen bewaffnet, den Bossa-nova-Rhythmus des Liedes zu begleiten.

»Mei, jetzt furzen die doch glatt ›The Girl from Schoaßblonema‹«, lachte Roald vergnügt, »das ist ja der totale Wahnsinn!«

Wir alle hatten eine Mordsgaudi, und die Diplomatenriege geriet völlig außer Kontrolle. »Wenn das der Chef sehen würde!«, lachte der smarte Philip. »Ein Glück, dass der gestern gleich heimgeflogen ist.«

»Wieso?«, wunderte sich Jürgen. »Wenn der das gehört hätt, dann hätt er sich zwei ›Schoaßblosn‹ aufs Zimmer kommen lassen und sich darauf selbst den Bayerischen Defiliermarsch geblasen.«

Die kleine Haindling-Therapie

Wegen des großen Erfolgs der »Meuterei« als Schreitherapie entstand sehr bald die Idee, unserem Publikum bei jedem Konzert eine besondere Therapie zukommen zu lassen. Zu Beginn bestand die »kleine Haindling-Therapie« darin, dass Jürgen folgende Geschichte erzählte, die das Publikum unter abwechselndem Rufen von »Ooh« oder »Aaah« begleiten sollte:

Mein Freund saß im Flugzeug – Ah!
Unglücklicherweise stürzte er aus dem Fenster – Oh!
Glücklicherweise hatte er einen Fallschirm umgeschnallt – Aah!
Unglücklicherweise öffnete sich dieser nicht – Ooh!
Glücklicherweise war unter ihm ein Heuhaufen – Aaah!
Unglücklicherweise steckte eine Heugabel darin – Oooh!
Glücklicherweise verfehlte er die Heugabel – Aaaah!
Unglücklicherweise verfehlte er den Heuhaufen – Ooooh!

Nachdem sich herausstellte, dass das Publikum die »kleine Haindling-Therapie« begeistert aufnahm, ersann Jürgen für die nächste Tournee eine neue Therapie, die zur Stärkung der Oberkörpermuskulatur des Publikums beitragen sollte.

Zu dem spanischen Instrumental »Vamos« forderte Jürgen das Publikum auf, wie die Spanier einen Flamenco-Takt mitzuklatschen. Ich gab als »Miguel Maron« den Spanier, und bei dem einen oder anderen Zuschauer konnte ich am angestrengten Klatschen erkennen, dass »Vamos« seit Jahren das erste Training der Oberarmmuskeln war. Trotz der Anstrengung hatte unser Publikum viel Spaß dabei, uns mit seiner Flamenco-Klatsche zu untersützen, und die Konzerthalle klang jedes Mal wie eine Stierkampfarena.

Als zweiter Teil der kleinen Haindling-Therapie ließ Jürgen das Publikum bei seinem Gedicht »Der private Kellermeister«, im $^4/_4$-Takt mit beiden Händen mitschnippsen, während er folgendes vortrug:

All die irdischen Güter muss ich lassen,
wenn ich dereinst von dieser Welt gegangen bin,
in meinem Keller, die ganzen Rotweinflaschen,
wenn i s' ned vorher bevor i stirb trink,
Es waar so schee, wenn ma wissen tat,
wann's aus is, weil ma die Flaschn
sich dann besser einteilen kannt',
und so woas ma nie, wia vui ma trinken darf,
weil, wenn ma wirklich alt wird, dass dann a no glangt.
I glaub, i geh zur Kartenlegerin,
damit i woaß, wie lang dass i no leb,

*weil, wenn i ned so oid werd, muss i s' schneller trinken,
und wenn i oid werd, trink i weniger, sonst langt er ned.
I glaub, weniger wär auch g'sünder.*

Bis Jürgen das Gedicht vorgetragen hatte, dauerte es gute drei Minuten, und obwohl einigen unserer Konzertbesucher vor lauter Schnipsen fast die Finger abfielen, konnte auch diese körperliche Übung ihnen nicht den Spaß verderben. Und weil die kleine Haindling-Therapie beim Publikum wiederum so gut ankam, entwickelte Jürgen Buchner im darauffolgenden Jahr als Nächstes eine Lachtherapie.

Diese hatte Jürgen anlässlich eines Lachseminars kennen und lieben gelernt. Dabei ging es darum, dass man den Körper zum Lachen brachte, obwohl das Gehirn den Eindruck hatte, dass es eigentlich nichts zu lachen gab. Jürgen animierte die Leute mit einem kräftigen »Hoho, Hahaha« und allerlei mimischen Verrenkungen, kräftig laut und leise kichernd zu lachen, und nach drei, vier kurzen »Hoho, Hahaha« konnte sich auch der lachresistenteste Besucher das Lachen nicht mehr verkneifen. Besonders beliebt war bei der Lachtherapie jedes Mal die Stelle, an der sich das Publikum unter heftigem Lachen die Brust reiben musste. Jürgens Hinweis, dass es der Brust völlig egal sei, wer sie streichele, solange sie nur gestreichelt würde, kam natürlich bei unseren weiblichen Konzertbesucherinnen besonders gut an.

Wahrscheinlich war der Erfolg der kleinen Haindling-Therapie der Grund dafür, dass eine große bayerische Versicherungsgesellschaft Jürgen mit einer Komposition zur Untermalung eines Werbespots beauftragte, der seit einigen Jahren regelmäßig in Rundfunk und Fernsehen zu hören war.

Aufgrund dieser Verquickung von Gesundheit und Musik dauerte es auch nicht lange, bis Jürgen mit der nächsten Therapieidee, der »Haindling-Klangrohr-Therapie«, aufwartete. In einem Musikgeschäft in Straubing kaufte Jürgen einen Sack voller bunter Plastikrohre in unterschiedlicher Länge. Die Rohre waren alle gestimmt, und man konnte damit trommeln, dabei Töne erzeugen und einfache Melodien spielen. Als Jürgen bei sich zu Hause mit den Rohren trommelte, klopfte er mit einem Klangrohr auf seine Schenkel und fand heraus, dass das nicht nur interessant klang, sondern auch eine wohltuende Wirkung hatte. Es dauerte nicht lange, und die »Haindling-Klangrohr-Massage« war erfunden.

Beim nächsten Konzert stattete Jürgen Reinhold, Wolfgang und mich mit Arztkitteln aus und ernannte uns kurzerhand zu seinen Assistenzärzten. Als der Haindling-Therapie-Block an der Reihe war, kündigte er seine Klangtherapie an und bat eine junge Dame auf die Bühne, die Lothar Schlessmann zuvor aus dem Publikum ausgesucht hatte. Die Besucherin betrat die Bühne und musste sich von Jürgen von Kopf bis Fuß mit einem Klangrohr abklopfen lassen. Danach wurde sie auf den Haindling-Therapietisch gelegt und dort von Jürgen, Reinhold und mir mit rhythmischen Trommelbewegungen bedacht. Zum Ende der Therapie spielten wir die einzelnen Töne der Klangrohre nacheinander vor, die »zufälligerweise« eine Tonleiter ergaben. Als Krönung des Ganzen spielten wir unsere Nummer »Pfeif drauf«, die wir mit den Tönen der Klangrohre und unter dem Gejohle und Geklatsche des Publikums trommelten.

Obwohl die »kleine Haindling-Therapie« beim Publikum bis heute beliebt ist und immer mehr Leute uns begeistert schreiben, dass sie unsere Lachtherapie oder die Klangtherapie auch erfolgreich zu Hause angewendet haben, warten wir bis heute vergeblich auf die Erstattung des Haindling-Tickets durch die besagte Krankenkasse. Aber was noch nicht ist, kann ja noch werden. Schaun wir mal, was uns als nächste Therapie so einfällt.

Der Neujahrsempfang

Jedes Jahr lädt die bayerische Staatsregierung internationale Prominenz aus Politik und Wirtschaft zum Neujahrsempfang ins Konzerthaus am Gendarmenmarkt in Berlin ein. Wie bei Staatsempfängen und politischen Veranstaltungen so üblich, müssen die Gäste dabei kulturelle Darbietungen der ernsteren Art über sich ergehen lassen. Aus diesem Grund präsentierte sich der Freistaat Bayern jährlich stets mit einem klassischen Musikprogramm und verpflichtete verschiedene Orchester, Ensembles oder Solisten. Zum Jahreswechsel 2004/2005 sollte alles anders werden. Die Staatskanzlei rief bei Lothar Schlessmanns Konzertagentur »Hello Concerts« an und buchte Haindling für den Neujahrsempfang. Ein paar Wochen später saßen wir im Flugzeug nach Berlin. Ein Kamerateam des Bayerischen Fernsehens begleitete uns, um das Event zu filmen. Weder die Kameraleute noch wir selbst hatten eine Ahnung davon, welch einmalige Dokumentation am kommenden Tag gefilmt werden würde.

Nachdem wir ins Hotel eingecheckt hatten, fuhren wir ins Konzerthaus am Gendarmenmarkt. Ich kannte den Saal bereits von einer Wohltätigkeitsveranstaltung, die ich anlässlich der Berlinale besucht hatte. Dass ich eines Tages selbst einmal auf der Bühne dieses wunderschönen Saales stehen würde, daran hatte ich damals allerdings nicht gedacht.

Wir machten unseren Soundcheck, und Thomas Schmidt, unser Soundingenieur, gab sein Bestes, um den schwierig zu beschallenden Raum optimal auszusteuern. Wir stellten ein Programm zusammen, das einen musikalischen Querschnitt durch das Haindling-Repertoire bieten sollte. Von »Hau Ruck« über »Blasmusik in Moll« bis hin zu einem Medley alter Haindling-Hits, wir spannten den Bogen so weit, dass er alles umfasste, was Haindling musikalisch zu bieten hat. Einzig bei der Zugabe waren wir nicht sicher.

»Meinst du wirklich, Jürgen, wir sollen ›Leit hoit's z'samm‹ spielen?«

»Leit hoit's z'samm« ist ein Walzer, mit dem ein Haindling-Konzert üblicherweise seinen Abschluss findet und bei dem Jürgen die Zuschauer zum Schunkeln animiert. Jürgen beschwört dabei das Zusammengehörigkeitsgefühl des Publikums und fordert die Leute auf, sich einzuhaken und miteinander zu schunkeln, Achselschweiß hin oder her. »Leit hoit's z'samm« ist immer eine Riesengaudi, und selbst hartgesottene Spaßverweigerer können sich der Gruppendynamik des gemeinschaftlichen Schunkelns nicht entziehen.

»Wieso sollen wir ›Leit hoit's z'samm‹ nicht spielen?«, fragte Jürgen verwundert. »Das ist doch ein guter Abschluss.«

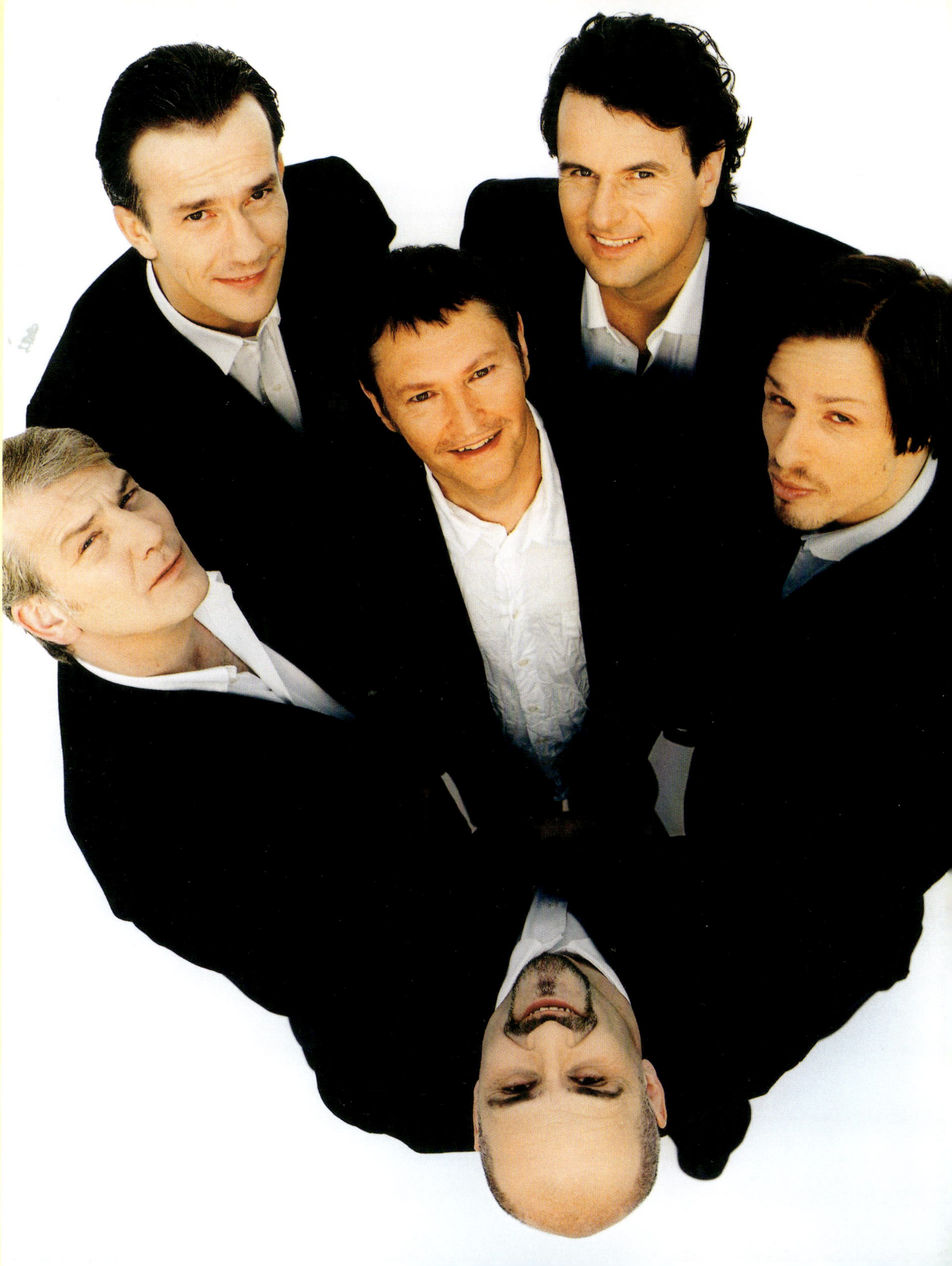

»Ja, schon, aber wir spielen hier ja nicht vor unserem typischen Publikum, sondern vor Leuten, die normalerweise eher in ein klassisches Konzert als zu Haindling gehen würden.«
»Und grad darum spielen wir das, was wir immer spielen. Die Staatskanzlei hat uns doch genau deswegen eingeladen, weil sie einmal etwas anderes haben wollen als immer nur Klassik. Und drum spielen wir auch ›Leit hoit's z'samm‹«, antwortete Jürgen selbstsicher.
»Du glaubst doch wohl nicht, dass Stoiber & Co. in der ersten Reihe stehen und schunkeln werden?«, erwiderte ich trotzig.
»Doch, du wirst schon sehen. Selbst wenn er nicht der Erste sein sollte, der aufsteht. Da sitzt auch der Huber Erwin, und der ist ein Niederbayer, der scheißt sich nix und der macht bestimmt mit. Und wenn der mitmacht, dann muss der Stoiber auch mitmachen, und dann muss der ganze Saal mitmachen, weil der Gastgeber mitmacht. Du wirst schon sehen, das wird die reinste Kettenreaktion.«
»Lothar«, rief ich, »was meinst denn du? Können wir den Leuten zumuten, dass die hier herinnen schunkeln?«
»Was heißt denn zumuten«, antwortete Lothar verwundert, »das wird für die Leute keine Zumutung, sondern eine Freude sein, denn wann und wo können die denn schon mal so richtig ausgelassen und fröhlich sein?«
Ich gab auf. Vielleicht hatten Jürgen und Lothar ja recht. Im schlimmsten Fall bleiben sie halt sitzen, dann spielen wir eben einen Waltzer ohne Schunkeln, was solls, dachte ich.
Die Gästeliste der bayerischen Staatsregierung las sich wie das »Who's who« der deutschen Politik und Wirtschaftselite. Neben zahlreichen Politikern und Wirtschaftsführern erschien auch die internationale Diplomatie und sogar einige hochrangige Militärs. Ich konnte mir beim besten Willen nicht vorstellen, dass sich diese Leute auf Jürgens Kommando von ihren Plätzen erheben und sich an den Armen einhängen würden, um gute fünf Minuten zu unserer Musik zu schunkeln.
Es war kurz vor 20.00 Uhr. Der Saal füllte sich. Nicht nur das Parkett, sondern auch sämtliche Ränge waren bis auf den letzten Platz besetzt.
»Es sind mehr als zweitausend Gäste da draußen«, sagte Lothar, als er uns aus unseren Garderoben zur Bühne abholte. »Scheißt's euch nix und gebt richtig Gas, das wird bestimmt ein lustiger Abend.«
»Lustiger Abend, du musst ja nicht da draußen stehen«, dachte ich und versammelte mich mit den anderen hinter der Bühne zum »Auren«.
»Macht's an Krampf, aber spielt's koan Krampf«, ermahnte uns Jürgen, und los gings. Wir gin-

gen auf die Bühne und wurden mit verhaltenem Beifall begrüßt, so wie er bei klassischen Konzerten im Fernsehen zu hören ist, wenn der Dirigent die Bühne betritt.

In der ersten Reihe, direkt vor Jürgens Mikrofon, saßen Edmund und Karin Stoiber, der Huber Erwin mit Gattin sowie verschiedene Herren in Uniform und dunklen Anzügen. Der ganze Saal war gefüllt mir ähnlich gekleideten Herrschaften, und das Publikum sah genauso aus, wie ich es mir vorgestellt hatte.

Wir eröffneten das Konzert mit »Hutzlmandl«, und Peter und Wolfgang groovten so knackig los, dass ich schon Angst hatte, dass die Lüster von der Decke fallen würden. Das Publikum war verwundert und verfolgte unsere Darbietung sehr interessiert. So etwas hatten sie wohl nicht erwartet. Und dann legte Jürgen los:

Er schaut gar ned aus wie a Bayer,
eher wie a Norddeutscher,
und wenn er an Trachtenhut aufhat,
schaut er aus wie a Maschgerer,
ham's gsagt.
An Trachtenanzug tragt er sowieso ned,
wenn er unterwegs is,
weil des schaut sonst zu bayrisch aus
und passt momentan ned so guat.«

Stoiber lächelte freundlich, schien aber gar nicht mitzubekommen, wer da von Jürgen musikalisch portraitiert wurde. Anders der Huber Erwin. Der grinste breit und lachte, schlug sich vor Vergnügen auf die Schenkel und stupfte genüsslich seine Frau an, die ebenfalls ihren Spaß hatte. Wir gingen ohne Unterbrechung von »Hutzlmandl« auf »Hau ruck« über, und endlich hatte das Publikum Feuer gefangen und klatschte begeistert zum Takt dieser umweltkritischen Politpolka mit. Es dauerte wieder einmal keine zwei Stücke, und Jürgen hatte das Publikum voll im Griff. Mit seinem legendären Charme wickelte er die Leute im Laufe des Abends vollständig um den Finger. Um den konservativeren Gästen gerecht zu werden, spielten wir die »Blasmusik in Moll« und andere langsamere Stücke und Balladen wie »Rote Haar«. Wie geplant, gingen wir nach 45 Minuten von der Bühne und wurden durch lautstarke »Zugabe, Zugabe«-Rufe sofort wieder auf die Bühne zurückgeholt.

Wie geplant, machte Jürgen nun seine Ansage zu »Leit hoit's z'samm« und rief das Publikum auf, sich zu erheben, sich einzuhaken und gemeinsam zu unserer Musik zu schunkeln. Ich war gespannt, was passieren würde. O.k., das Publikum war gut drauf und hatte sicherlich Spaß, dachte ich, aber ob die wirklich aufstehen und schunkeln werden?

Aber Jürgen hatte kaum ausgeredet, da hatten sich die Leute in der Mitte des Saales schon von ihren Plätzen erhoben und hakten sich lachend ein, ohne dass es die Herrschaften in der ersten Reihe sehen konnten. Keine drei Sekunden später stand auch Stoiber mit seiner Frau auf, dann die Hubers und der Rest der ersten Reihe folgte.

Jürgen klatschte den Walzertakt vor, wir begannen zu spielen, und der ganze Saal schunkelte mit uns. Es war eine Szene wie im Ballsaal der Andrea Doria in einem Fellini-Streifen. Selbst das Publikum auf den Rängen ließ sich den Spaß nicht nehmen und schunkelte derart heftig, dass ich schon befürchtete, der eine oder andere könnte über die Brüstung kippen und in den Saal fallen. Die Stimmung war grandios, und die Leute hatten ihr Vergnügen. Selbst die Uniformträger vor uns lachten und genossen es, sich einmal völlig ungezwungen geben zu dürfen. Das Filmteam des Bayerischen Fernsehens filmte die Schunkelei mit und hielt uns so ein unwiederbringliches Ereignis fest, das wir später auf unserer Haindling-DVD veröffentlichen konnten.

Nachdem das Lied vorbei war und wir das Gemeinschaftsgefühl unter den Beteiligten vertieft hatten, formierten wir uns zu unserem Abschlussbild, dem Foto, und Peter und Wolfgang zeigten unter dem schallenden Gelächter des Publikums den Preußen im Saal ihre weiß-blau gerauteten Socken.

Unser Soundingenieur Thomas spielte die »Irgendwie & sowieso«-Hymne ein, und wir rannten unter dem heftigen Beifall des begeisterten Publikums hinter die Bühne.

»So was haben die noch nie erlebt«, rief Jürgen strahlend, »und siehst du, Micha, ›Leit hoit's z'samm‹ war der totale Wahnsinn. Man muss sich nur trauen, das sind doch alles auch nur Menschen wie du und ich.«

Wo er recht hat, hat er recht, dachte ich, und nachdem mein Adrenalinspiegel wieder auf normal stand, zog ich mich um und begab mich zum Empfang, der nach dem Konzert im Foyer des Hauses stattfand. Wie schon in Montreal ging es über eine Treppe hinunter und wie schon in Montreal stand Edmund Stoiber mit einer Gruppe von Gästen im Foyer und unterhielt sich. Als er uns die Treppe herunterkommen sah, winkte er uns freundlich zu sich her und bedankte sich für das Konzert und die gute Stimmung, die wir unter den Gästen verbreitet hätten.

Ich stand ein wenig abseits vom Geschehen, als ein älteres Ehepaar auf mich zukam. Der Herr gab sich als Adeliger und ehemaliger Diplomat zu erkennen und sagte: »Recht herzlichen Glückwunsch zu Ihrem phänomenalen Auftritt. Wissen sie, wir kommen jetzt schon über zehn Jahre zum bayerischen Staatsempfang und immer gab es klassische Musik, irgendwelche Orchester oder Klassikensembles. Als meine Frau mir die Einladung zeigte, fragte ich sie, ob sie den Dirigenten Haindling kenne. Aber sie wusste auch nicht, wer das sein sollte. Wir waren daher sehr gespannt, welches Orchester heute spielen würde. Als wir dann in den Konzertsaal kamen und Ihre Instrumente und den Bühnenaufbau gesehen haben, da habe ich zu meiner Frau gesagt: ›Mannomann, Gerda, schau dir mal an, was da auf der Bühne steht. Das schaut mir aus wie etwas Experimentelles. Wenn das man gutgeht! Hoffentlich spielen die da keine Zwölftonmusik, Stockhausen oder so.‹ Na ja, Sie wissen ja, was ich meine. Aber als Sie dann auf die Bühne kamen und angefangen haben zu spielen, da waren wir völlig aus dem Häuschen. So was haben wir ja noch nie gehört. Das war phänomenal. Und dann das Schunkeln. Sagen Sie mal, gibt's von Ihrer Gruppe eigentlich auch Platten?«

Der 6. Bayerische Verdienstordensstrahl

2005 wurde Jürgen der Bayerische Verdienstorden für seine musikalischen Verdienste verliehen. Wie üblich, fand eine große Zeremonie in der Residenz in München statt, und Jürgen bekam von Ministerpräsident Edmund Stoiber höchstpersönlich seinen Orden überreicht. Zusammen mit ihm wurden zahlreiche andere Persönlichkeiten, unter anderen der Münchener Regisseur und Filmemacher Helmut Dietl, ausgezeichnet. Dietl freute sich so sehr über die Ehrung, dass er den Ministerpräsidenten umarmte und vor Freude weinte. Eine Dame, die hinter Jürgen stand, war fassungslos ob eines derartigen Mangels an Contenance.
Jürgen brachte uns den Verdienstorden zum nächsten Konzert mit und präsentierte uns stolz das gute Stück.

»Wisst ihr, eigentlich wollte ich den Orden in sechs Stücke schneiden, damit jeder von euch etwas davon hat. Denn ohne euch wäre ich wahrscheinlich nicht in den Genuss dieses Ordens gekommen. Ich war dann schon bei unserem Juwelier in Straubing, weil ich rausfinden wollte, ob man den Orden in sechs Teile schneiden kann. Leider hat er mir gesagt, dass das nicht geht, weil sonst das Email abplatzt, und dann ist der ganze Orden kaputt.«

Wir waren alle sehr gerührt, dass Jürgen seine Auszeichnung mit uns teilen wollte, und erklärten ihm, dass der Wille alleine zählt, und ich hatte die Geschichte eigentlich schon ad acta gelegt.

Bei unserem letzten Konzert der Sommertournee 2005 kündigte Jürgen geheimnisvoll an, dass es am Ende des Konzertes eine Überraschung gäbe. Wir hatten keine Ahnung, worum es sich dabei handeln könnte, aber am sogenannten »Foolsday« durfte man sich gegenseitig Streiche spielen. Ich dachte, dass Jürgen wohl irgendeinen Gag inszeniert haben würde, und versuchte herauszufinden, was er im Schilde führte. Aber es gelang mir nicht.

In unserem Zugabenblock verkündete Jürgen dem Publikum, dass nun eine Ehrung der Haindlingmusiker vorgenommen würde. Lothar brachte auf einem Tablett sechs dunkelblaue Schmuckkästchen auf die Bühne. Mit feierlicher Geste schritt er auf die Bühne und blieb vor

Jürgen stehen. Der nahm sein Gesangsmikrofon vom Stativ, wandte sich uns zu und sagte: »Lieber Micha, lieber Peter, lieber Wolfgang, lieber Reinhold, lieber Mufti, wie ihr wisst, hab ich kürzlich den Bayerischen Verdienstorden für besondere Verdienste um die bayerische Kultur erhalten. Ohne euch wäre mir das wahrscheinlich nicht gelungen, denn Haindling live ist ein wesentlicher Teil meines Erfolges. Aus diesem Grunde möchte ich den Orden mit euch teilen und habe jedem von euch einen Strahl des Verdienstordens mitgebracht. Und so möchte ich als Träger des Bayerischen Verdienstordens jedem von euch heute Abend den Bayerischen Verdienstordensstrahl verleihen. Das ist eine große Ehre, denn es gibt insgesamt nur 1800 Menschen, die diesen Orden tragen dürfen, aber es wird weltweit nur sechs Menschen geben, die Träger des Verdienstordensstrahls sind, und das seid ihr.«

Ich war tief gerührt und fand gar keine Worte. Jürgen rief mich namentlich als Ersten auf, trat zu mir vor und sagte feierlich: »Micha, hiermit ernenne ich dich zum Träger des Bayerischen Verdienstordensstrahls«, und überreichte mir das mittlerweile geöffnete Schmuckkästchen, aus dem der Verdienstordensstrahl herausblitzte. Nach mir kamen alle meine andern Kollegen dran, und den sechsten Strahl verlieh Jürgen Lothar Schlessmann wegen seiner Verdienste um die Gruppe Haindling. Das Publikum beklatschte und feierte uns und war auch ergriffen von Jürgens origineller Idee.

»Jürgen, wie hast du denn das hingekriegt«, fragte Reinhold nach dem Konzert in der Garderobe. »Ich denk, der Orden lässt sich nicht teilen.«

»Lässt er sich auch nicht«, antwortete Jürgen mit verschmitztem Grinsen. »Deshalb habe ich den Leiter der Staatskanzlei, Dr. Schön, angerufen und ihn um Hilfe gebeten. Schön hat sich über meine Anfrage total amüsiert und gemeint, das sei wieder einmal typisch für mich. Er hat dann den Juwelier angerufen, der die Orden herstellt, und in meinem Auftrag die sechs einzelnen Ordensstrahlen bestellt.«

Und so wurden Peter, Reinhold, Wolfgang, Mufti, Lothar und ich die sechs weltweit einzigen Träger des Bayerischen Verdienstordensstrahls.

Friends & Family

»Friends & Family« ist der neudeutsche Ausdruck für »Freunde und Familie«, und davon gibt's bei Haindling genug. Ich selbst sehe die Tausende von Menschen, die jährlich unsere Haindling-Konzerte besuchen, als Freunde und Familie, und tatsächlich kommen viele Eltern, die am Anfang unserer Karriere als Teenies vor unserer Bühne standen, heute mit ihren Kindern zu unseren Auftritten. Manchmal kommen sogar gleich drei Generationen einer Familie, um unsere Musik live zu erleben.

Neben der öffentlichen Familie und Haindling-Freunden wie Jürgen Barto, dem legendären Musik- und Kulturredakteur des BR, der für »Live aus dem Alabama« und andere unserer TV-Liveauftritte verantwortlich war, Franz Xaver Bogner, Werner Schmidtbauer und vielen anderen Kreativen, die in der Vergangenheit mit uns gearbeitet haben, gibt es neben unseren Frauen, die seit Jahren ihren Teil zu unserem Erfolg beigetragen haben, auch eine große Zahl von Mitgliedern der eigentlichen Haindling-Familie.

Gunther Dingfelder ist seit über fünfzehn Jahren unser sogenannter Merchandiser, der dafür sorgt, dass unsere Fans bei den Konzerten mit T-Shirts, Haindling-Tassen, Maultrommeln, Büchern, CDs und sonstigen Haindling-Artikeln versorgt werden.

Elmar Hartmann ist seit Jahren Bühnenmeister und damit für das Funktionieren unserer oft mehr als dreißig verschiedenen Instrumente auf der Bühne zuständig. Elmar ist selbst auch Schlagzeuger und unterstützt uns von Zeit zu Zeit im Konzert, wenn wir nicht genügend Hände frei haben, um selbst irgendwelches Schlagwerk zu spielen.

Elisabeth Angerer und Daniel Maurer sind die für Haindling verantwortlichen Mitarbeiter der BMG-Ariola München, die sich um alle Belange von Haindling kümmern und immer wieder mit unendlicher Geduld auf Jürgens oft jahrelange Verspätungen bei der Produktion des nächsten Haindling-Albums reagieren.

Franz Meier ist ein echtes Haindling-Urgestein und sorgt als unser Monitormischer seit 1985 für den guten Ton auf der Bühne. Ohne Franz könnten wir nicht spielen, da die Boxen der Monitoranlage dafür da sind, dass jeder von uns hört, was er selbst und die anderen spielen.

Stefan Reser, oder von mir auch »Schah Resa und seine kleinen Strolche« genannt, ist bei Haindling für das Licht und die Lightshow zuständig und rückt uns bei jedem Konzert im wahrsten Sinne des Wortes ins rechte Licht.

Lothar Schlessmann ist unser Tourneeveranstalter, PR-Genie, Organisator und Mitinhaber der Augsburger Firma »Hello Concerts«, die er zusammen mit seinem Partner Walter Czermak führt und dafür sorgt, dass Haindling auch dann, wenn wieder einmal keine neue Platte erscheint, in aller Munde und Ohren ist. Thomas Schmitt, Toningenieur und Inhaber der Beschallungsfirma »Soundhouse«, gehört zu den besten Vertretern seiner Zunft und füllt unsere Konzertsäle mit an jedem Platz gleich gutem Sound. Lothar Timmel ist von Anfang an für die Haindling-Website zuständig, die er zusammen mit Marco Sunder und anderen IT-Experten pflegt und dafür sorgt, dass Haindling stets online und die Haindling-Website immer auf dem neuesten Stand ist.

Die nächsten 25 Jahre

Compay Segundo, Ibrahim Ferrer und die anderen Mitwirkenden des kubanischen »Buena Vista Social Club« haben eindrucksvoll bewiesen, dass Musiker jenseits der Achtzig noch fantastische Konzerte spielen und Konzerthallen füllen können. Ich weiß nicht, wie lange Jürgen noch auf der Bühne stehen will und kann. Seine Gene lassen ahnen, dass er den Herren des Buena Vista Social Clubs in Sachen Vitalität nicht nachstehen wird, im Gegenteil. Theoretisch könnte er dann ebenfalls noch mit 88 spielen – vielleicht nicht mehr den Holzscheidl Rap und die Meuterei, aber den Rest unserer Lieder bestimmt. Und wer weiß, welche weiteren Lieder, Songs und Filmmusiken bis dahin noch entsehen.

Auf der Bühne zu stehen und Menschen Freude zu vermitteln, ist der schönste Beruf, den es gibt. Darum habe ich vor, bei Haindling mitzuspielen, so lange ich kann und so lange es mir Spaß macht. Und wenn ich so auf die letzten 25 Jahre zurückblicke, dann denke ich mir als naturalisierter Bayer: »A bissel was geht schon noch.«

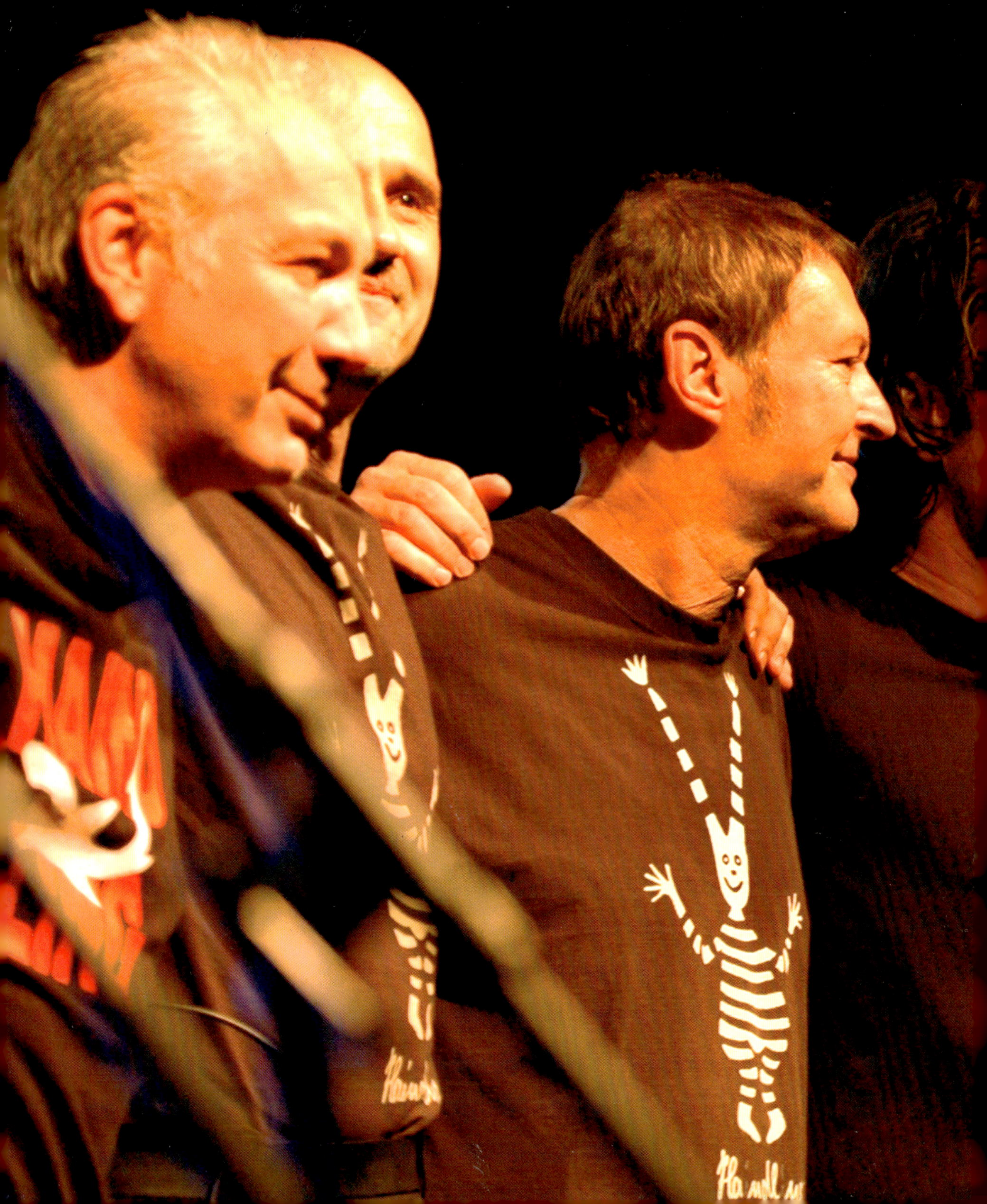

Meiner Familie

Dank

Für die Unterstützung bei der Verwirklichung dieses Buches bedanke ich mich bei Heinz Josef »Charlie« Braun, Frank Briegmann, Jürgen Buchner, Bernhard Edlmann, Klaus G. Förg, Christopher Gersten, Dolf Hartmann, Reinhold Hoffmann, Monika Kessele, Daniel Maurer, Dr. Marco von Münchhausen, Dr. Helmut Neuberger, Lothar Schlessmann, Lee Seitz, Michael Staehler, Lothar Timmel. Ein ganz besonderer Dank für die Einräumung der Bildnutzungsrechte an Elisabeth Angerer, Dolf Hartmann, Alexander Hordijenko, Stefan Kohler, Dietmar Lipkovich, Caroline von Perko, Thomas Plettl, und Robert di Scalfani sowie meiner Frau Eva-Maria Willheim für all ihre Hilfe und Unterstützung.

Bildnachweis

Alexander Hordijenko 63, 78
Stefan Kohler 146, 132,
Bernhard Kühmstedt/Sony BMG: Titelfoto, 1, 2, 3, 75, 76, 111, 114, 126
Dietmar Lipkovich: 7, 129, 130, 131, 132, 133, 134, 140, 143, 147
Caroline von Perko: 67, 94, 100, 102, 103, 113, 123,
Thomas Plettl: Einbandrückseite, 6, 133, 138, 151, 158
Rock'n' Show: 4, 9, 10, 11, 12, 15, 18, 19, 20, 21, 23, 24, 25, 28, 33, 36, 41, 58, 61, 129, 130, 131
Robert di Scalfani/MBM: 26, 31, 43, 49, 50, 52, 69, 70, 71, 81, 84, 85, 87, 98
Moritz Teichmann/Sony BMG: 148

© 2007 Rosenheimer Verlagshaus GmbH & Co. KG, Rosenheim

Lektorat, Layout und Satz: VerlagsService Dr. Helmut Neuberger
& Karl Schaumann GmbH, Heimstetten
Druck und Bindung: Offizin Andersen Nexö, Leipzig
Printed in Germany

ISBN 978-3-475-53881-0